El pequeño
Manual
para novios

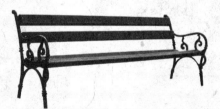

Sebastián Golluscio

El pequeño
Manual
para novios

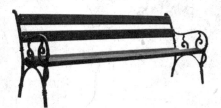

Sebastián Golluscio

La misión de Editorial Vida es ser la compañía líder en satisfacer las necesidades de las personas, con recursos cuyo contenido glorifique al Señor Jesucristo y promueva principios bíblicos.

EL PEQUEÑO MANUAL PARA NOVIOS
Edición en español publicada por
Editorial Vida – 2012
Miami, Florida

© 2012 por Sebastián Andrés Golluscio

Edición: *Patricia Marroquín*
Diseño interior: *Luvagraphics*

ISBN - 978-0-8297-6191-7

CATEGORÍA: Vida cristiana/Amor y matrimonio

IMPRESO EN ESTADOS UNIDOS DE AMÉRICA
PRINTED IN THE UNITED STATES OF AMERICA

12 13 14 15 ❖ 6 5 4 3 2 1

CONTENIDO

INTRODUCCIÓN

Había una vez, en un reino muy cercano, un muchacho encantador que se enamoró de la princesa de sus sueños. Luchó valientemente contra dragones, ogros, un suegro potencial y con cuanto enemigo se le opusiera y, finalmente, obtuvo su merecido premio: el corazón de aquella hermosa doncella. El joven héroe, feliz por la concreción de su tan ansiada conquista, y la bella princesa, exultante tras la llegada de su príncipe azul, decidieron celebrar su amor en ciernes entre amigos, con música y danza. Para tal ocasión, convocaron a un trovador de la corte llamado Sebastián Golluscio.

La expectativa de la pareja era grande. Habían escuchado que aquel poeta era capaz de encantar con sus versos a cuanta pareja enamorada hubiera en el reino. Decían que su lírica producía un efecto mágico, hipnotizante. Si realmente deseaban vivir felices por siempre, como todo príncipe y princesa, debían invitar a ese trovador a su gran fiesta de novios.

La celebración tuvo lugar en el salón principal del palacio. A las siete de la tarde comenzaron a llegar los invitados elegantemente vestidos: familiares, amigos, vecinos y también unos cuantos curiosos que habían visto el evento publicado en el muro de *facebook* y en el *twitter* del novio. En un desborde de alegría, el joven enamorado no pudo resistir la tentación de divulgar la noticia: *«¡Nos pusimos de novios y lo festejamos el sábado en la noche en casa de ella!»*. Claro que lo que celebraban no era su casamiento, sino solo que se habían puesto de novios. Algunas personas cercanas, que no creían que la relación fuera a funcionar, prefirieron no asistir al evento. Pero a la pareja no le importó mucho. Ellos estaban enamorados y querían celebrarlo.

Luego de un par de horas de risas, baile y felicitaciones de sus amigos, finalmente, llegó el momento central de la noche. Estaba previsto que promediando las diez de la noche, Sebastián Golluscio, haría su aparición en el salón. Y así ocurrió, solo que no de la manera en que la pareja lo esperaba...

Lo primero que les llamó la atención a los novios fue que el trovador no traía una guitarra, sino un pizarrón.

— ¿Acaso no vino a cantarnos su canción mágica? — preguntó inmediatamente la novia, sin entender lo que el hombre pretendía hacer.

— Vine a cantarles la mejor de las canciones — respondió Sebastián, mientras acomodaba el pizarrón en el centro de la sala.

Todos se quedaron inmóviles, observando en silencio lo que el trovador hacía. Lentamente, sacó un marcador indeleble de su bolsillo, y escribió en su pizarra:

Cambiar:
convertir una cosa en su contrario.

Noviazgo:
etapa para que sus mentes hagan <u>un cambio</u>

Nadie entendía nada ¿Dónde estaban aquellos versos encantadores? Se suponía que el hombre estaba allí para entonar una melodía romántica que endulzaría por siempre el corazón de los enamorados, no para darles una lección. Pero antes que alguien atinara a expresar su decepción, el trovador tomó la palabra y, mirando fijamente a la pareja, dijo:

— Para canciones de amor ya tienen a Luismi, a Ricardo, y a otros grandes cantantes. Prefiero aprovechar mi rato con ustedes para enseñarles el verdadero secreto de los «felices por siempre», un secreto se resume en una sola palabra: *cambio*.

Mientras escuchaban con atención a su trovador devenido en maestro, los enamorados comenzaron a intuir que el noviazgo era mucho más que simplemente haber encontrado «el amor de sus vidas». Por primera vez, desde el día en que se habían dado aquel primer beso, tuvieron la sensación de que ese momento no había sido un *punto de llegada*, sino solo un *punto de partida*.

— Si su noviazgo es serio — continuó el trovador — seguramente la expectativa es que la relación avance y que algún día pase a llamarse *matrimonio* ¿cómo tener un noviazgo exitoso y llegar bien preparados al matrimonio? ¡Esa es la mejor canción que pueden escuchar el día de hoy!

Dicho esto, Sebastián tomó su pizarrón, le dio un caluroso abrazo a la pareja, y se dirigió presurosamente a la puerta. Pero, antes de salir, sacó de su bolsillo algo con forma de libro, dio media vuelta, y les entregó el objeto a los novios.

— Me olvidaba, esto es para ustedes. Acá encontrarán todo lo que necesitan saber sobre el noviazgo.

Y resulta que aquel libro comenzaba así:

Queridos enamorados:

Antes que nada, ¡felicitaciones! No llegué para arruinarles su fiesta de amor, sino todo lo contrario. Vine para ayudarlos a armar una *verdadera* fiesta de amor.

Tenemos cuarenta días por delante y, en cada uno de ellos, nos detendremos en un punto diferente. Todos llevamos dentro de nuestro cerebro un *switcher* mental que necesita ser activado. El objetivo de este libro es ayudarlos a dejar atrás los pensamientos de una persona soltera y que empiecen a girar esa perilla mental a la posición «casados». Al término de estos cuarenta días habrán leído lo que millones de matrimonios alrededor del mundo jamás leyeron ni escucharon. No quiero que estén en ese grupo de desinformados. Me propuse impedir que terminen diciendo con pena, al cabo de un par de años de casados: «¡si alguien nos hubiera enseñado! ¡Cómo nos habría gustado leer eso cuando éramos novios!» Estoy cansado de escuchar esas frases y por eso escribí este libro para ustedes.

Solo 4 recomendaciones antes de empezar:

1. Es muy importante que lean este libro como pareja, a la par. No es necesario que se junten, por el contario, es preferible que cada uno tenga una copia del libro y pueda leerlo personalmente, a solas. Pero háganlo a la par. No sirve que uno vaya por el punto *3* y el otro por el *25*.

2. Concluyo el punto de cada día con una serie de preguntas y un desafío puntual para que apliquen lo leído. Reflexionen detenidamente sobre las preguntas. Un antiguo proverbio chino dice: *«El que pregunta es un tonto por cinco minutos, pero el que no pregunta sigue siendo un tonto para siempre»*.[1] ¡El noviazgo es un tiempo para hacerse preguntas!

3. Verán que en varios desafíos los animo a orar como pareja sobre algunos temas puntuales. Háganlo con fe, repitiendo las palabras que les sugiero, pero agregando también las suyas. No hay nada más importante que Jesús guíe su noviazgo ¡Su relación de noviazgo tiene que potenciar su relación con Dios!

4. Muchos de los temas que trataremos en este libro dispararán la necesidad de que hablen con algún consejero que los oriente. Así como decidieron leer este libro, es muy importante que tomen la iniciativa y busquen ese consejero o matrimonio que los acompañe a lo largo de estos cuarenta días (y a lo largo de todo el noviazgo si fuera posible). No basta con leer este libro. Es fundamental que cuenten con alguien que los ayude a aplicar cada aspecto a su caso particular. Les recomiendo que pauten encontrarse con esa persona al término de cada semana durante los próximos cuarenta días y que charlen acerca de lo que leyeron.

Ahora sí, ¡adelante con su primera semana de cambios!

---

1   Antiguo refrán popular chino. Tomado de http://www.allthelikes.com frases de la Abuela Sabia

SEMANA 1: BASES

Los puntos de los que voy a hablarles en los próximos siete días son importantísimos ¡por favor no vayan directo a la semana del sexo! No importa si apenas están empezando su relación o si ya llevan bastante tiempo juntos. Necesitan analizar estos siete puntos. Un edificio se construye de abajo hacia arriba. Primero hay que poner los cimientos y eso haremos esta semana.

1: De improvisados a preparados

Hace un tiempo conversé en mi oficina con Jorge y Marcela, un matrimonio joven con apenas un año de casados. Vinieron a verme porque, según me contaron, ese año había sido el más terrible de sus vidas. Estas son algunas de las cosas que me dijeron:

«No sabemos qué hacer.»
«Jamás pensamos que el matrimonio iba a ser así.»
«No logramos entendernos, vivimos peleándonos.»
«Pensamos varias veces en separarnos.»

También me contaron que su noviazgo no había sido bueno y que en algún momento pensaron que el matrimonio solucionaría todos sus problemas. A los pocos meses de estar de novios, Marcela le dijo a Jorge que, si realmente la amaba, debía pedir su mano. Él no estaba del todo seguro, sin embargo, por miedo a perderla, le dijo que sí. Jorge, que siempre ve el vaso medio lleno, pensó: *«de a poco la relación mejorará»*. Lejos de mejorar, la relación empeoró. Me contaron que su luna de miel había sido una pesadilla y que en el transcurso de ese primer año de casados habían intentado salir de la crisis por sus propios medios, pero que no lo habían logrado. Ya no daban más y por eso venían a verme.

Obviamente Jorge y Marcela nunca se prepararon para el matrimonio o, mejor dicho, se prepararon, pero no con una *buena* preparación. Jorge viene de una familia complicada. Sus papás se divorciaron cuando él tenía cinco años. Su papá se fue a vivir a Italia, dónde formó una nueva familia. Mientras, su mamá anduvo de acá para allá, con uno y con otro, pero nunca de manera estable. Por su parte, Marcela proviene de un hogar tradicional y bastante rígido. Sus papás no se divorciaron, pero solo por pudor social. Son ese tipo de matrimonio que aparenta llevarse de mil maravillas, pero que bajo la superficie esconde podredumbre. Marcela creció conviviendo con las dos caras de sus padres, la sonriente, de la puerta del hogar hacia fuera, y la amargada, puerta hacia adentro. Varias veces durante su infancia, presenció peleas entre su mamá y su papá con gritos, insultos y hasta violencia física.

Tanto Jorge como Marcela se formaron con una idea de lo que es un matrimonio, pero no con *la mejor* idea. Ambos fueron a la escuela y luego a la facultad. Jorge es arquitecto y Marcela diseñadora gráfica. Pero tanto en la escuela como en la facultad les enseñaron de todo menos como ser marido y mujer. Quizás alguien piense: *«esas cosas de la vida uno las tiene que aprender solo»*. Esa era la expectativa de Jorge: *«vamos a ir aprendiendo solos»*, pero no fue eso lo que sucedió. Lo que sí pasó fue que el matrimonio los encontró sin preparación. Ambos ignoraban lo que significa estar casado y la ignorancia siempre «te pasa la factura». La ignorancia es el peor enemigo del hombre. La Biblia dice que sufrimos por falta de conocimiento (Oseas 4:6), y eso se aplica de manera especial al matrimonio ¡cuántas parejas, como Jorge y Marcela, sufren innecesariamente por falta de preparación!

El noviazgo es una preparación para el matrimonio. Es la «escuela» en la que aprendemos de qué se trata ser una pareja. Pero lo cierto es que la mayoría de los adolescentes y jóvenes tampoco se preparan para el noviazgo. Se ponen de novios, simplemente, porque están enamorados y luego van improvisando como pueden. La mayoría jamás asistió a una charla de noviazgo o jamás leyó un libro que les enseñe cómo construir un matrimonio exitoso. Muchos son autosuficientes y dicen cosas como: *«yo no necesito eso»*, *«solos* *nos vamos a arreglar»* o *«yo ya sé cómo manejarlo»*, pero luego se lamentan ¡la ignorancia jamás es inofensiva! Por eso es vital que tomes tu noviazgo bien en serio, como una etapa de preparación.

Cuando algo es realmente importante para ti, te preparas lo mejor que puedes para eso. Sea para un partido de fútbol, para un examen final en la facultad, para una charla que tienes que dar en público, para un viaje, para una salida de pesca o para una fiesta. Ya que ese evento es muy importante, inviertes tiempo y esfuerzo en prepararte adecuadamente ¡lo cierto es que a veces nos preparamos mejor para un partido de fútbol o para una fiesta que para el matrimonio! Pareciera que a lo intrascendente le prestamos suma atención, mientras vamos improvisando en las cosas verdaderamente importantes. ¡Es hora de hacer un cambio! ¡Es hora de pasar de la improvisación a la preparación!

Jesús dijo: *«El que me sigue ya no andará en tinieblas»* (Juan 8:12). Las tinieblas representan la ignorancia. En otras palabras Jesús está diciendo *«si me siguen y aplican mis enseñanzas, no van a sufrir por ignorancia»*. Él quiere que lleguen bien preparados a una de las cosas más hermosas de la vida: el matrimonio. El noviazgo es esa etapa de preparación y es una etapa maravillosa si la viven de la mano de Jesús ¡no improvisen! Él está a su lado para guiarlos.

Preguntas para analizar:

¿Considero el noviazgo una etapa de preparación para el matrimonio? ¿He tomado el noviazgo en serio?

¿Qué preparación tuve, a lo largo de mi vida, para el noviazgo y el matrimonio?

¿En qué áreas o situaciones de mi noviazgo me doy cuenta que sufro por ignorancia?

Desafío:

Junto a tu novio/a comprométanse hoy a prepararse para tener un noviazgo excelente. Hagan un pacto de leer juntos este libro día por día, cumpliendo con los desafíos que se proponen al término de cada capítulo. Determínense a salir de la ignorancia y tomar en serio su preparación como pareja.

2: De curados a prevenidos

Seguramente escuchaste el famoso dicho popular *«es mejor prevenir que curar»* y es probable que estés cien por ciento de acuerdo con eso. Es mejor vacunarte contra la gripe que curarte de la gripe. Es mejor usar casco al manejar tu moto que operarte por fractura de cráneo tras un accidente. Es mejor instalar un antivirus en tu computadora que gastar mucho dinero en su reparación ¡Y es mejor prepararse bien para el matrimonio que «curarlo» sobre la marcha!

Ayer te conté la historia de Jorge y Marcela. Gracias a Dios, su matrimonio se sanó y hoy están disfrutando de una relación hermosa, pero, tuvieron que hacer un gran esfuerzo, hubo un precio alto que pagar. Si se hubieran preparado para el matrimonio, sin lugar a dudas, todo habría sido mucho más fácil para ambos, porque siempre es mejor prevenir que curar y, lamentablemente, a veces es demasiado tarde para curar. La regla es simple: cuanto más prevenidos estemos, menores probabilidades de que el matrimonio funcione mal. Por el contrario, a menor prevención, mayores probabilidades de lidiar con problemas en el matrimonio ¡y nadie quiere tener un matrimonio conflictivo! Por eso, es muy importante que tomen el noviazgo en serio y se preparen bien, no solo para evitar lo malo, sino sobre todo para disfrutar al máximo de lo bueno. Dios quiere que gocen de una de las bendiciones más maravillosa de esta vida: el matrimonio.

A lo largo de estos cuarenta días hablaremos acerca de los puntos más importantes que hacen al buen funcionamiento de una pareja. A veces creemos que por la simple razón de que «nos amamos», todo va a funcionar de mil maravillas. Obviamente esto no es así.

Al poco tiempo de estar juntos la pareja se da cuenta que estar comprometido no era tan sencillo como creían y que deben hacer una reingeniería en su relación. Es ahí donde tienen que comenzar a cambiar su manera de pensar y adaptarse a una nueva realidad. Sus mentes tienen que pasar de un enfoque individualista a un enfoque compartido de la vida. Sus prioridades tienen que cambiar. Sus hábitos tienen que cambiar. Por esencia, el noviazgo es una etapa de cambios y es el mejor momento para hacerlos.

Los cuarenta puntos de los que les hablaré en este libro giran en torno a las cinco áreas más problemáticas de toda relación de pareja:

1. Dejar el hogar
2. Compartir un proyecto de vida
3. Ocupar el rol correcto en la relación
4. Aprender a comunicarse efectivamente
5. Disfrutar de la intimidad sexual

Al atender parejas en crisis, estas son las áreas de conflicto más comunes. De estas cinco áreas se desprenden las demás «enfermedades conyugales» que muchas veces hay que curar en el matrimonio. Pero la buena noticia es que con buena prevención ¡no hace falta curar! Claro que habrá cambios y ajustes que tendrán que hacer en el matrimonio, pero si se preparan bien ahora, todo será mucho más sencillo después, aunque tengan que seguir corrigiendo y mejorando cosas de casados.

Jesús dijo: «Dichosos los humildes...» (Mateo 5:5) Para prepararse, sea para el matrimonio o para cualquier otra cosa de la vida, hace falta humildad. Esta es la virtud del que dice «se poco y nada acerca de esto» «necesito aprender» «necesito que otros me enseñen». Lo opuesto a ella es el orgullo, la arrogancia, la autosuficiencia y, por tener estas actitudes, muchas personas son infelices en su matrimonio. Pero Jesús nos enseñó el camino a una vida feliz: la humildad. Los animo a que como pareja decidan tener siempre un corazón enseñable. Lean cada capítulo de este libro con esta actitud. Decidan prepararse con humildad para el matrimonio, ¡y Dios los va a honrar con una vida feliz!

Preguntas para analizar:

¿Ya nos dimos cuenta de que el noviazgo no es tan sencillo como pensábamos? ¿Estoy dispuesto a cambiar para que nuestra relación funcione?

¿Cuál de las cinco áreas de conflicto más comunes en las parejas creo que es, o puede llegar a ser, la más problemática para nosotros?

¿Estoy dispuesto a aprender acerca del noviazgo y del matrimonio? ¿Mi actitud es humilde o arrogante?

Desafío:

Hablen como pareja acerca de las preguntas del día de hoy. Oren pidiéndole a Dios que conserve siempre en ustedes un corazón humilde. Pídanle sabiduría, diciéndole así: *«Señor, sabemos poco y nada acerca de cómo construir una relación sana. Danos tu sabiduría, ayúdanos a aplicar todo lo que dice este libro. Queremos prepararnos lo mejor que podamos para el matrimonio».*

3: De accidentales a intencionales

Si hiciéramos una encuesta entre parejas preguntándoles cómo llegaron a enamorarse y a convertirse en novios, estoy seguro que la gran mayoría no sabría qué responder o dirían cosas como *«simplemente ocurrió, nos conocimos, nos enamoramos y acá estamos juntos»*. Quizás se conocieron en el trabajo, en la facultad, en el club, en la iglesia, en algún evento o porque un amigo los presentó. Lo cierto es que el amor no suele seguir los caminos de la lógica. Es raro que alguien *decida* enamorarse. El enamoramiento es más bien algo visceral. Pasa en nuestras entrañas (o en nuestro corazón, para usar un órgano más romántico), no tanto en nuestra mente. En algunos casos es amor a primera vista, en otros se va gestando en el tiempo al entablar una amistad y conocer en profundidad a la persona. Sea como sea, es muy difícil explicar esa química que se establece entre un hombre y una mujer y que nos lleva a iniciar una relación amorosa.

Sin embargo, para que un noviazgo funcione ¡es necesario que el cerebro intervenga! Para que su relación prospere resulta imprescindible que estén *intencionalmente juntos*. He observado que muchísimos jóvenes se ponen de novios «por accidente». Es como si «el destino» hubiese querido que se encontraran. Jamás tuvieron la intención de enamorarse, mucho menos se preguntaron si eran compatibles en sus intereses, personalidad, propósito o expectativas ¡simplemente se encontraron y no tuvieron mejor idea que ponerse de novios! Fue una decisión apurada, compulsiva. Apenas si saben el nombre del otro y ya está, empiezan a salir como novios. A veces la excusa es el amor a primera vista, pero, lo cierto es que no es el amor a primera vista lo que los lleva a iniciar una relación a las apuradas. En realidad existen otras razones:

1. Falta de amor

Muchas personas tienen un profundo «agujero afectivo» en sus corazones. Una profunda falta de amor, de aceptación. Necesitan sentirse queridos por alguien. Quizás no tuvieron papás que les brindaran ese amor y lo buscan desesperadamente en un chico o una chica. Son mendigos de amor y por eso se «enganchan» con el primero o la primera que se les cruza en el camino. Con esa relación intentan llenar el vacío afectivo que sienten. No importa cómo sea la otra persona, lo único importante es que «esa chica me hace sentir alguien en la vida». Al menos por un rato «ese chico me hace sentir aceptada».

2. Sentimiento de soledad

También es común que las personas inicien noviazgos sin pensarlo mucho y movidas por un fuerte sentimiento de soledad ¡no pueden estar solos! Si se pelean con su pareja, a los pocos días ya los ves con otra persona. Le tienen miedo a la soledad. Algunos sienten que se les está «pasando el tren», que pasan los años y no consiguen nada. Empiezan a desesperarse. Los mueve la urgencia y, por temor a quedarse solteros, «agarran lo que viene».

3. Escapismo

Algunas personas se ponen de novios para escaparse de su hogar: de papá, mamá y todos sus problemas. Ven en su pareja al «salvador» o a la «salvadora» que los rescatará del infierno que está viviendo en su casa. No importa quién sea, ni cómo sea su pareja, solo necesitan a alguien que los rescate.

4. Presión

Pasa también que muchas personas inician una relación presionadas por su entorno. Quizás la presión venga de la familia. En casa le repiten una y otra vez *«¿y?... ¿para cuándo?»* *«¡Ya tienes treinta y cinco años!»*. A veces la presión viene de los amigos o las amigas. En otras ocasiones viene de ellos mismos, desde adentro. Cualquiera de estas presiones puede empujarnos a entablar una relación de manera apresurada.

Seguramente hay más razones para iniciar noviazgos accidentales. Lo importante es que junto a tu pareja se pregunten *«¿por qué estamos juntos?»* *«¿estamos juntos porque realmente nos amamos y habiéndolo pensado bien decidimos iniciar este noviazgo? ¿O estamos juntos por alguna de estas otras causas?»* *«¿nuestro noviazgo es accidental o intencional?»*. La buena noticia es que, aun habiendo empezado de manera accidental, están a tiempo de hacer un cambio y convertir su noviazgo accidental en uno intencional.

Recuerda que el noviazgo no es un fin en sí mismo, sino solo un estado intermedio. Es una preparación para el matrimonio ¡estar de novio sin la intención de que la relación prospere, derive en compromiso y luego en casamiento, es una pérdida de tiempo! Lo único que producen las relaciones pasajeras es desilusión y dolor, marcan nuestro corazón y nos complican al momento de entablar una relación en serio. Por eso es importante que, como pareja, se aseguren de que lo suyo vaya en serio. Esto no significa que sí o sí tengan que casarse. El noviazgo también es una prueba, les tiene que servir para darse cuenta si realmente compatibilizan, si pueden construir un proyecto de vida juntos o no. No están obligados a casarse ¡Pero sí deberían estar seriamente expectantes de que la relación madure hasta el punto en que puedan decir *«ahora sí, nos conocemos bien, nos amamos a pesar de nuestras diferencias y nos comprometemos a formar un matrimonio»*! Eso es un noviazgo intencional, serio.

Jesús dijo:

Jesús dijo: *«Entrego mi vida... Nadie me la arrebata, sino que yo la entrego por mi propia voluntad»* (Juan 10:17–18). Nada de lo que Jesús hizo fue accidental, todo fue intencional. Aún su muerte en la cruz no fue algo que simplemente «sucedió», que le hicieron sin que él tuviese control de su destino. Fue algo que él decidió hacer. Eso significa ser realmente libres: tener la capacidad de elegir y responder por nuestras elecciones. ¡Es hora de hacer el cambio! Tenemos que hacernos responsables. Deja de vivir accidentalmente y empieza a actuar como Jesús, de manera intencional.

Preguntas para analizar:

¿Por qué estamos de novios? ¿Nuestro noviazgo es un noviazgo *accidental* o un noviazgo *intencional*?

¿Hubo algún factor o presión externa que nos «empujó» a ponernos de novios?

¿Tenemos la intención de que la relación prospere y algún día casarnos?

Desafío:

Si ya están disfrutando de un noviazgo *intencional*, oren juntos volviendo a consagrarse a Dios. Pídanle que los guíe en cada momento del noviazgo, que les de sabiduría para que la relación madure. Si se dan cuenta que no están de novios *intencionalmente* sino *accidentalmente,* entonces hablen en profundidad acerca de la relación, pregúntense si realmente se aman y si van a tomar el noviazgo en serio. Si aún no tienen claro esto, hablen con su consejero para que los oriente. Si en verdad quieren disfrutar de un noviazgo intencional, oren diciéndole a Dios que van a tomar la relación bien en serio y pídanle su sabiduría. Vuelvan a comprometerse a leer juntos este libro día a día.

4: De dudosos a confiados

Una de las preguntas que más se hacen las parejas es *«¿cómo podemos estar seguros de que somos el uno para el otro?»* ¡Excelente pregunta! Como vimos ayer, en un noviazgo intencional existe la sana expectativa de que la relación madure y que se convierta en matrimonio. Pero, a veces esta sana expectativa se transforma en ansiedad. En el fondo la pregunta que se hacen no es *«¿Cómo estar seguros?»* sino *«¿y si la relación no funciona?»* *«¿y si nos equivocamos?»* *«¿y si estamos perdiendo el tiempo?»*

La desconfianza es normal cuando recién conocemos a una persona. Todavía hay muchas barreras que traspasar y mucho del mundo interno del otro por descubrir. Al comenzar una relación deberíamos preguntarnos *«¿con quién me estoy involucrando? ¿Será realmente como aparenta ser? ¿Funcionará nuestra relación? ¿Puedo confiar en él / ella?»*. Es normal y bueno que nos hagamos estas preguntas. El problema aparece cuando estos interrogantes no encuentran sus debidas respuestas. Es allí donde las dudas empujan la relación a una ruptura. Estas son algunas de las causas de la duda en el noviazgo:

1. Falta de amistad

Muchas de las dudas respecto a *quién es* y *cómo es* la otra persona deberían despejarse antes de ponerse de novios, cuando son solo amigos. Lamentablemente, muchos se saltan esta etapa. Pasan directamente de desconocidos a novios y de esta manera aumentan notablemente las probabilidades de una desilusión en el noviazgo. A las pocas semanas o meses de estar de novios se dan cuenta que su pareja no era lo que creían, pero a esa altura ya están involucrados afectivamente y la ruptura es dolorosa (cosa que no hubiera ocurrido si primero se conocían como simples amigos). Por eso, es muy importante cultivar una buena amistad antes de ponerse de novios. Ese tiempo de amistad nos permite despejar muchas dudas y empezar el noviazgo apoyados en un nivel adecuado de confianza. Es importante que el descubrimiento sea paulatino, progresivo. Si no han tenido ese tiempo de amistad previa al noviazgo, va a ser indispensable que vayan bien despacio, o lo que es mejor aún, que vuelvan atrás y que sean solo amigos hasta que se conozcan bien en ese nivel y construyan una amistad sólida ¡una buena amistad deriva en un buen noviazgo y un buen noviazgo en un buen matrimonio! Los problemas aparecen cuando nos saltamos etapas.

2. Idealismo

Hay personas que tienen expectativas tan altas respecto a su pareja que nadie les viene bien. Si inician una relación, al tiempo la rompen bajo el siguiente argumento: «no era lo que yo esperaba». Son personas muy exigentes, perfeccionistas, que sin darse cuenta buscan un «amor extraterrestre», no un amor humano. Están buscando a *superman* o a la *mujer maravilla* y, obviamente, no hay candidato/a que les venga bien, ya que esos personajes solo existen en las películas, son irreales. Puede pasar que, después de la primera discusión como novios, digan «lo nuestro no funciona». Tienen un ideal tan alto del noviazgo que piensan que todo debe ser perfecto, color de rosa. Obviamente cualquier desacuerdo o problema que aparezca, por pequeño que sea, les genera dudas respecto a la relación.

3. Personalidad insegura

Muchas personas son muy temerosas e inseguras, necesitan tener todas las confirmaciones y señales del cielo para terminar de creer que la relación puede funcionar. Aunque su pareja cubra todas sus expectativas, siguen dudando, ya que no es un problema del otro sino de ellos, personal. Se trata de inseguridad interior, un tema que los afecta en todas las áreas de su vida, no solo en el noviazgo. Viven dudando respecto a su carrera, respecto a sus talentos, respecto a su potencial, respecto a lo que otros les dicen, respecto a la iglesia; dudan de las personas que los rodean, dudan de todo. Es común que le pidan señales a Dios continuamente. Piensan que para asegurarse de que están con la persona correcta tiene que bajar un ángel del cielo y decírselos. Con frecuencia se ponen celosos/as y necesitan que su pareja les diga constantemente *«te amo, te amo, te amo»*.

Hay más causas que pueden llevarnos a dudar de nuestra pareja. Pero sea cual sea el motivo de la duda, es importante que no confundamos *confianza* con *seguridad*. Lo cierto es que la seguridad absoluta no existe. Hay parejas que al ponerse de novios pretenden que Dios les entregue una «póliza de seguro» que les garantice el éxito de la relación. Claro que Dios quiere guiarnos, darnos sabiduría y que tengamos un noviazgo exitoso, pero avanzar en fe significa, justamente, moverse confiadamente sobre un terreno blando donde no está todo resuelto ¡si tuviéramos la certeza absoluta de que la relación va a funcionar, no haría falta fe!

Por eso el cambio que tenemos que hacer no es de la *duda* a la *seguridad* sino de la duda a la *confianza*. Estar de novio con alguien no significa que sí o sí debo casarme con esa persona. El noviazgo es una prueba que me tiene que servir para darme cuenta si realmente compatibilizo con mi pareja y, por maravillosa que haya sido la etapa de amistad o por seguros que hayamos estado al momento de ponernos de novios, la verdad es que la única manera de terminar de comprobar si realmente funcionamos como pareja es dando un paso de fe e iniciando el noviazgo ¡todo en la vida funciona por fe! Por eso, aún parados sobre terreno blando, aún con muchas preguntas y asuntos por resolver, su noviazgo debe avanzar fundado en la *confianza* ¡tienen que confiar en Dios! Confiar en su guía y que con él van a poder superar cualquier problema o desacuerdo. Confiar también en que, llegado el caso de que la relación no funcione, si Jesús es el Señor de sus vidas, la ruptura va a ayudar para el bien de ambos. No van a quedarse lamentando el error ni pensando cosas como *«soy un fracasado en el amor»* o *«perdí el amor de mi vida»*. Por el contrario, van a aprender del error y van a estar más maduros a la hora de empezar otra relación.

Jesús dijo: «*tengan fe en Dios*» (Marcos 11:22) No se trata de tener fe en nuestra pareja o de tener fe en la relación, se trata de tener fe en Dios. Cuando Dios es el centro de nuestra vida, él nos guía y va despejando todas nuestras dudas ¡él es el primer interesado en que no nos equivoquemos! Él nos libra del idealismo, de la inseguridad y de cualquier otra cosa que nos impida crear una relación exitosa. Decidan como pareja edificar su relación sobre el fundamento de una relación aún muchísimo más importante: su relación con Dios.

Preguntas para analizar:

¿Tengo dudas respecto a nuestra relación? ¿Cuál es la causa de esas dudas?

¿Tuvimos un buen tiempo de amistad previo al noviazgo? ¿Me identifico como alguien idealista o inseguro?

¿Quiero tener certeza absoluta respecto a mi pareja?

Desafío:

Busquen un lugar tranquilo y charlen en profundidad acerca de las preguntas del día de hoy. Terminen la charla orando y diciéndole a Dios que quieren edificar su relación sobre el fundamento de una relación más importante, su relación con él. Díganle que quieren ser personas de fe y pídanle que los fortalezca en todas las áreas de sus vidas. Si han pasado directamente de desconocidos a novios, consideren en la charla volver atrás y consolidar primero una buena amistad.

5: De ilusión a fe

Una de las grandes verdades del matrimonio es que Dios nos une *a propósito* con alguien diferente a nosotros, de otro modo, la relación sería muy aburrida y no podríamos funcionar como un verdadero equipo. Seguramente eres bien distinto/a a tu pareja, pero, debes aprender a ver esas diferencias como algo positivo. Esa es una gran verdad. Sin embargo existe otra gran verdad y es que, a veces, las diferencias son irreconciliables. Estoy hablando de diferencias de fondo que no nos *complementan*, sino que nos *distancian*; diferencias que, si no se hablan y trabajan, tarde o temprano, terminan destruyendo la relación.

Suele pasar que, hipnotizados por el enamoramiento inicial, a la pareja le cueste reconocer estas diferencias de fondo. En ocasiones, las niegan o las minimizan con excusas como *«ya lo vamos a resolver más adelante»*, *«todo a su tiempo»* o *«tengo fe de que va a cambiar»*. Es común que confundan fe con ilusión. La ilusión nace del pensamiento mágico, se nutre de frases pseudo-románticas como *«nuestro amor es más fuerte que nuestras diferencias»* o *«lo único que importa es que nos amamos»*. Lo cierto es que este tipo de ilusión ingenua a lo único que lleva es a la desilusión. Por eso es tan importante hacer un cambio y pasar de la ilusión a la fe verdadera. Un iluso es alguien que quiere forzar a Dios a hacer lo que él quiere, lo que a él se le antoja. Por el contrario, un hombre de fe es alguien que se somete a la voluntad de Dios. La ilusión ignora o niega la realidad, pero, la fe mira de frente a la realidad y busca maneras de transformarla. Tarde o temprano en el noviazgo van a tener que mirar de frente una realidad dolorosa: hay diferencias de fondo en las que tienen que trabajar. Y si no están dispuestos a hacerlo, lo mejor es cortar la relación. Veamos algunas de estas diferencias:

Diferencia de valores

Cuando como pareja no compartimos los mismos valores de vida, es imposible que la relación funcione bien. Un valor de vida, por ejemplo, tiene que ver con la manera de administrar nuestra sexualidad. Si quieres conservarte virgen hasta el matrimonio, pero tu pareja no, difícilmente podrán construir una relación sana. Otro valor tiene que ver con el manejo de su dinero. Quizás tú desees ahorrar y ser generoso con la gente, pero tu pareja vive despilfarrando dinero o es sumamente tacaño/a. Si esto es así, van a vivir chocando y, a menos que alguno de los dos cambie, la relación terminará quebrándose. Puede pasar que tengan una filosofía de vida absolutamente opuesta. En ocasiones uno tiene un concepto de familia fuerte y el otro uno débil. El que tiene un concepto fuerte vive el noviazgo como una preparación para el matrimonio, con sentido de compromiso, mientras el otro está de novio simplemente porque su pareja le atrae. ¡Pero no quiere saber nada con casarse!

Por eso Dios nos advierte que *no nos unamos en yugo desigual* (2 Corintios 6:14). El yugo es la madera con la que se unen dos bueyes para que puedan arrastrar juntos un arado u otra carga de manera pareja y coordinada. Si esa madera llamada yugo es defectuosa o está mal atada a los bueyes, termina rompiéndose y lastimando a los animales. Es imposible que los bueyes funcionen bien como equipo a menos que haya un yugo firme que los una. Nuestros valores de vida constituyen un yugo invisible que nos une a nuestra pareja y, si ese yugo es desigual, es decir, si compartimos diferentes valores, no vamos a poder funcionar coordinadamente como equipo. Tarde o temprano el yugo va a romperse y ambos vamos a sufrir.

Por mucho tiempo se enseñó que unirse en yugo desigual significaba estar de novio con alguien que no es cristiano. Si bien eso es cierto, el unirse desigualmente con alguien es algo que va más allá de esa verdad. El hecho de que tu novio o novia vaya a la iglesia no garantiza que compartan los mismos valores. En la vida de un cristiano el valor supremo es Jesús y, si de verdad quieren construir un hogar cristiano, es indispensable que lo más importante en la vida de ambos sea él. Ambos tienen que estar comprometidos con las enseñanzas de Jesús, y dispuestos a vivir su estilo de vida. Ambos tienen que poder decir «*Jesús, eres el Rey de nuestra vida y de nuestro noviazgo y queremos obedecerte en todo*». Cuando Jesús es realmente el Señor de mi vida y de la vida de mi pareja, ambos vamos a estar comprometidos con los valores y hábitos que hacen que el noviazgo funcione:

- No tener relaciones sexuales antes de casarse
- Morir al ego
- Estar siempre dispuestos a cambiar
- Practicar el perdón
- Buscar la sabiduría en el consejo de otros
- Respetarse y comprometerse mutuamente
- Ser solidarios

Sinceramente, no me imagino cómo hubiésemos podido practicar las cosas de esta lista y construir así una relación sana con Valeria, si no fuera porque ambos decidimos que Jesús sea nuestro Rey ¡Humanamente muchas de estas cosas son imposibles! Por eso no alcanza con que tu novio/a vaya a la iglesia, o se considere cristiano/a. Jesús tiene que ser *de verdad* el Señor de su vida y de la tuya. Tampoco imagino cómo sería hoy mi matrimonio si no pudiera orar junto a mi esposa, servir juntos a Dios, educar a mis hijos con valores cristianos, recibir juntos consejo de nuestros pastores o leer libros que nos edifiquen como matrimonio. Algunas personas dicen *«pero mi pareja es muy buena, compartimos todo menos nuestra fe»*. ¡Pequeño detalle! Si puedo compartir todo con mi pareja, menos lo más importante (que supuestamente es Jesús), entonces me tengo que preguntar si de verdad Jesús es lo más importante en mi vida.

Si eres cristiano/a y tu pareja no, entonces háblale de Jesús, de la salvación que ganó a su favor en la cruz, y asegúrate de que lo reciba de verdad como su Señor y Salvador. Esto implica que va a tener que abrazar tus mismos valores cristianos y comprometerse a desarrollar una relación personal con Jesús. Es importante que evidencie una verdadera conversión, que no sea algo forzado y fingido. No sirve que lo haga solo para conformarte a ti. Involucra a tu pareja a la vida de la iglesia y que empiece a crecer como un/una discípulo/a de Jesús. Pero nuevamente, que no lo haga *«para que mi pareja deje de molestarme con su religión»*, sino como resultado de un verdadero encuentro con Jesús. Si no lo hace genuinamente, entonces lo mejor para los dos va a ser que corten la relación.

A muchos cristianos que están en pareja con un no cristiano les cuesta mucho tomar esta decisión, sea por miedo a quedarse solos o porque en verdad aman a su novio/a y piensan que el hecho de que no sea cristiano/a no importa mucho. La experiencia nos dice que la mayoría de las veces es el cristiano el que termina apartándose de Dios (y al tiempo también separándose de su pareja). Pasó que pusieron a su pareja por encima de Dios y no se animaron a creerle que, si lo obedecían rompiendo esa relación de yugo desigual, entonces él honraría su obediencia y les daría un compañero/a cristiano/a. Si ya le predicaste de Jesús a tu pareja y no quiere saber nada, entonces te animo que le creas a Dios y tomes la decisión de romper la relación de noviazgo. Claro que va a costarte, pero es lo más sabio que puedes hacer. A menos que quieras hipotecar tu futuro y vivir al lado de una persona que no comparte lo más importante de tu vida que es Jesús, muévete por encima de tus sentimientos, sal de la ilusión y actúa en fe, es decir, en obediencia.

Diferencia de propósito

También puede pasar que el yugo sea desigual por una diferencia de propósitos de vida. Quizás ambos son cristianos, comparten los mismos valores y se llevan de maravilla. Pero hay un pequeño problema: no comparten el mismo proyecto de vida. Puede ser que él se dedique a una vocación que lo tenga fuera de la casa mucho tiempo, algo como viajante de comercio, deportista, camionero, actor itinerante, representante regional de una firma, ejecutivo de ventas u otro trabajo similar, en el que las personas duermen más arriba de un avión que en su casa. En este caso, resulta vital que su novia sepa con quién va a casarse y que esté preparada para esta realidad. Por más que estés perdidamente enamorada de tu novio, si eres ese tipo de mujer que extraña mucho y que no podría estar sola en su casa más de un fin de semana, necesitas replantearte si estás al lado de la persona correcta. Este ejercicio de replantearse la relación no es algo muy grato ni romántico, y muchas veces nos «pincha» la ilusión, ¡Pero nos libra de un montón de problemas en el futuro! Puede pasar que ella sueña con vivir en el campo, lejos del ruido de la ciudad, pero él es de esos hombres que si pudieran alquilar el departamento lindero a su oficina del centro, no dudaría en hacerlo. Quizás él siempre soñó con tener una familia numerosa, con no menos de cuatro hijos, pero ella quiere tener solo uno. Quizás él tiene la expectativa de que su esposa siga trabajando cuando lleguen los hijos, pero ella prefiere quedarse en casa criándolos.

Es raro que las parejas de novios piensen en estos temas, ¡Pero éstos son los temas que tienen que pensar, hablar y trabajar en el noviazgo! ¿Por qué? Porque para eso existe el noviazgo, para empezar a construir juntos un proyecto de vida. Muchos matrimonios lamentan no haber mirado de frente estos temas cuando estaban de novios. En su momento, no importaba mucho si compartían o no un propósito de vida común, lo único que les importaba era que se amaban. Y decían cosas como *«cuando nos casemos se van a solucionar estos problemas»*. Pero se casaron y, lejos de solucionarse, empeoraron. Hoy viven desencontrados, tironeando cada uno para su lado.

Por eso es tan importante que se pregunten si en verdad se ven casados y compartiendo una vida juntos. Esto no significa que deben tener exactamente la misma vocación o profesión. Yo soy pastor y Valeria profesora de educación física. Valeria tiene dones que yo no tengo y viceversa. Pero entendimos que ninguna de esas diferencias vocacionales y de dones eran excluyentes, sino complementarias. ¡Nos complementan! Compartimos un modelo de familia y hemos sido flexibles para acomodarnos el uno al otro sin que ninguno tenga que resignar sus propios sueños. Entendimos que al estar casados ya no existen más «mis» sueños y «tus» sueños, sino que lo único que existe son «nuestros» sueños.

Jesús dijo: *«Supongamos que alguno de ustedes quiere construir una torre. ¿Acaso no se sienta primero a calcular el costo, para ver si tiene suficiente dinero para terminarla?»* (Lucas 14:28) Estas palabras de Jesús nos enseñan a dejar la ingenuidad, las ilusiones. Tienen que sentarse como pareja y calcular el costo. Tienen que preguntarse *«¿compartimos los mismos valores?»* *«¿compartimos un propósito de vida?»* *«¿tenemos lo que hace falta para construir este proyecto llamado matrimonio?»* Si la respuesta es *no* entonces lo más sabio que pueden hacer es cortar con la relación. Esto va a demandar que sean honestos y valientes. Dejen a un lado frases ilusorias como *«ya va a haber tiempo para resolver eso»* o *«cuando nos casemos se va a solucionar»*. Muévanse por encima de sus sentimientos. Actúen en fe. Entiendan que sentirse atraídos por alguien no significa que esa sea la persona correcta para casarse. Es hora de cambiar.

Preguntas para analizar:

¿Comparto los mismos valores que mi pareja? ¿Es Jesús nuestro Señor?

¿Comparto con mi pareja un propósito de vida, aún con vocaciones o talentos diferentes? ¿Cómo veo mi vida junto a él/ella, de casados?

Desafío:

Si la respuesta a las preguntas de hoy es positiva, entonces denle gracias a Dios y pídanle sabiduría para que el yugo en su relación sea cada día más parejo, en todo sentido. Si la respuesta es negativa en una o en las dos preguntas, entonces pídele a Dios que te de la honestidad y el valor necesario para hablar con tu pareja y plantearle esta realidad. Si tu pareja no es cristiano/a, entonces, vuelve a leer en oración el consejo que hoy te di. Tómalo bien en serio y ponlo por obra, Dios te va a honrar, no lo dudes un instante. Si tu pareja sí es cristiano/a, pero no comparten un mismo propósito de vida, plantéale con valentía la necesidad de que ambos alineen sus propósitos de vida para construir un propósito de vida en común. A menos que puedan hacerlo con alegría y sin frustración, entonces lo mejor es que corten la relación y siga cada uno su camino. Háganlo sabiendo que va a ser lo mejor para los dos.

6: De ciegos a videntes

Un chiste viejo y malo afirma que la palabra «novio» significa «no-vio», dando a entender que el noviazgo nos ciega, no nos permite ver los defectos del otro. Y si bien es malo, tiene mucho de verdad. En unos días voy a hablarte acerca del pasaje del enamoramiento al amor, ese es uno de los puntos más importantes que tenemos que considerar en el noviazgo. Cuando estamos enamorados todo es color de rosa, pero, tarde o temprano, ese idealismo tiene que romperse. Es una ruptura buena y necesaria que nos ayuda a crecer como pareja, nos ayuda a fundar la relación en un compromiso mutuo más que en simples sentimientos. Pero puede pasar que uno o ambos se resistan a «deshipnotizarse». No que no *puedan* ver la realidad sino que no *quieran* ver la realidad. Crearon una fantasía en sus mentes y les da miedo salir de ella. Quieren perpetuar el sueño utópico del enamoramiento eterno.

Cuando pasa esto, el peligro es que todo lo que evitaron mirar durante el noviazgo estalle luego en el matrimonio. Pongamos como ejemplo el caso tan común de las mujeres golpeadas. María se pone de novia con Pablo, un chico que le grita y forcejea con ella todo el tiempo. Sin embargo, ella se niega a ver esa realidad. No acepta que Pablo es violento y, se aferra a la ilusión de que *«algún día va a cambiar»,* se casa con él. Fin de la historia: hoy es una esposa golpeada, arrepentida de haberse casado con ese hombre. ¿Qué pasó? María no supo (o no quiso) ver las «luces rojas en el tablero» durante el noviazgo. Idealizó a su novio o permitió que lo manipule. Quizás tuvo miedo a quedarse sola. Sea lo que sea, hoy todos se preguntan *«¿cómo es que María no se dio cuenta que se estaba casando con un hombre violento?»*

Es importante recordar que el noviazgo existe precisamente *para darnos cuenta*. Existe para que comprobemos si esa persona que nos gusta es, en verdad, el hombre o la mujer con quien deseamos vivir el resto de nuestra vida. Es una «prueba beta» para el matrimonio. Las «pruebas beta» son períodos en los que los programadores de software testean los programas que desarrollan. Antes de sacar sus productos al mercado, las empresas de software someten sus programas a un proceso de evaluación, que permite verificar y revelar la calidad del producto. Estas pruebas son utilizadas para identificar posibles fallos de implementación, calidad, usabilidad del programa o videojuego. En la mayoría de los casos las fallas que aparecen en estas pruebas son menores y pueden ser corregidas. Pero puede ocurrir que haya fallas de fondo, errores de programación que demanden una atención especial. Son «luces rojas en el tablero» que no pueden ignorarse ni minimizarse. ¡Requieren una atención inmediata! Y, en la «prueba beta» del noviazgo, ocurre lo mismo. Estas son algunas de las realidades que no puedes pasar por alto:

- **Actitudes violentas**

Puede tratarse de violencia física o verbal. Si tu novio es agresivo, no va a cambiar por el solo hecho de llevar un anillo de oro puesto en su dedo. ¡Por favor no hipoteques tu futuro casándote con un golpeador! A menos que haya un cambio genuino en él, lo más conveniente es que te alejes de esa persona. Si el violento o la violenta eres tú, te advierto que a menos que cambies jamás podrás formar un hogar feliz, ni con tu actual novio/a ni con nadie. Nadie quiere estar con alguien violento.

- **Actitudes intolerantes**

Quizás no haya violencia, pero sí intolerancia. Un intolerante es alguien que vive demandando que las cosas se hagan a su manera. Solo él tiene razón. No hay lugar para las opiniones de su pareja. Todo tiene que hacerse como él quiere. En las mujeres suele manifestarse en forma de capricho o histeria. Son mujeres manipuladoras, demandantes. En ocasiones, la intolerancia toma la forma de perfeccionismo. No le dan permiso a su pareja para que sea humano, para que se equivoque. Si tu novio/a es demandante e intolerante, quiero advertirte que no va a cambiar por llevar un anillo de oro en su dedo. No te sometas más a su manipulación. Antes de seguir adelante, asegúrate que cambie. Si el/la intolerante eres tú, entonces busca ayuda inmediatamente. Arranca de tu corazón las raíces profundas de inseguridad que producen ese comportamiento perfeccionista y demandante.

- **Dualidad**

Esta es una de las «luces rojas en el tablero» a la que mayor atención debes prestarle. Dualidad es sinónimo de mentira, de hipocresía, de engaño, de cosas ocultas. No existe el hombre perfecto, ni la mujer perfecta, pero sí necesitas asegurarte de que tu pareja sea una persona íntegra. Ser íntegro significa ser de una sola pieza, ser el mismo en el trabajo, en casa, en la iglesia, en el club. No significa perfección, ya que todos cometemos errores, pero sí ser transparentes y honestos. Una persona dual es alguien que tiene dos caras, que tiene agendas ocultas, cosas que nadie sabe. Quizás mantenga una relación secreta con otra persona o mienta sobre cuánto gana en el trabajo. A veces pasa en el matrimonio que uno de los cónyuges mantiene una «cuenta paralela»: un dinero que aparta para darse gustos personales sin que su pareja lo sepa. Y resulta que este comportamiento no empezó el día que se casaron, es un patrón de conducta que viene desde el noviazgo, pero la pareja nunca quiso verlo o lo minimizó. Si tu pareja te engañó en un hecho puntual o aislado, te fue infiel o te ocultó cosas, es bueno que lo/la perdones y le des una nueva oportunidad. Pero no seas ingenuo/a. Si ves que ese comportamiento se repite y tu pareja no evidencia un cambio verdadero, lo mejor que puedes hacer es alejarte de esa persona. No permitas que siga jugando contigo. No hay nada peor que estar casado con un mentiroso o con una mentirosa.

- **Valores o propósitos incompatibles**

Ayer hablamos acerca de esto. Tenemos que renunciar a la ingenuidad: el casamiento no solucionará todo. Las cosas que no aprendemos a resolver durante el noviazgo, en el matrimonio lejos de mejorar *empeoran*. Claro que en el matrimonio hay que seguir ajustando muchísimas cosas. Pero los dos pilares principales del matrimonio—los valores compartidos y un propósito en común— deben consensuarse durante el noviazgo. Si quieres tener muchos hijos, pero tu novia no desea ser mamá, no es un tema menor. Si deseas recorrer el mundo como integrante de una compañía de danza, pero tu novio no tolera quedarse solo en la casa, no es algo que puedan evadir con la excusa *«ya vamos a ver cómo nos arreglamos»*. Tienen que considerarlo con cuidado y pasar del «no-vio» al «vio».

Jesús dijo: *«el que tenga oídos para oír, oiga»* (Marcos 4:23*).* Hay una diferencia entre *oír* y *advertir*. Una cosa es *ver* y otra *observar*. Muchos oyen, pero se niegan a advertir. Muchos ven, pero se niegan a observar. Quizás algún amigo cercano te pregunte *«¿cómo no te das cuenta?»* Lo que Jesús está diciendo es justamente eso: *«¡dense cuenta!» «¡adviertan!» «no evadan la realidad» «presten atención»*. Aplicado al noviazgo esto significa *«¡miren las luces rojas en el tablero!»* Tenemos que aprovechar la oportunidad que Dios nos da: conocer a la persona con la que pretendemos pasar el resto de nuestra vida. ¡Qué bueno que existe una «prueba beta» llamada noviazgo!

Preguntas para analizar:

¿He notado comportamientos violentos, intolerantes o duales en mi pareja? ¿Puedo decir que es una persona íntegra?

¿He minimizado estos problemas? ¿Soy yo el / la intolerante y perfeccionista?

¿Hablamos alguna vez de estos temas como pareja?

Desafío:

Si estuviste evadiendo o minimizando alguno de estos problemas, tu desafío de hoy consiste en hablar de frente con tu pareja. Elijan un lugar calmo donde puedan conversar tranquilos y planteen la necesidad de un cambio de fondo. Decidan hablar con su consejero o pastor. Si hace tiempo vienen conversando estos temas, pero no hubo un cambio genuino, entonces lo mejor para los dos va a ser que terminen con la relación.

7: De dañados a restaurados

Trabajé varios años en la galería de arte de mi papá, así que conozco algo de pintura. Vendíamos obras originales de pintores argentinos, muchos de ellos grandes maestros de fines del siglo XIX, por lo tanto, muy antiguas. Lo que le pasa a los cuadros de más de sesenta años es que empiezan a deteriorarse. El óleo o el acrílico con el que fueron pintados, comienza a resquebrajarse. El lienzo se oscurece por la suciedad, propia del paso del tiempo. Entonces resulta indispensable llamar a un restaurador. La tarea del restaurador consiste en reparar, en limpiar la obra para que quede como el día en que fue pintada. Eso significa restaurar algo. Implica *volverlo al original*, arreglarlo para que quede tal cual era cuando fue creado. Y eso es lo que quiere hacer Dios con nuestra vida. Él es el perfecto restaurador ¡Desea restaurarnos!

Cuando nacemos, todos somos una hoja en blanco. Aún no vivimos nada. Estamos en el capítulo inicial de una historia que todavía no se escribió. Pero desde el momento en que salimos del vientre de nuestra mamá, la gente empieza a escribir cosas sobre ese papel blanco. En realidad, la escritura empieza en el útero. Está comprobado que los bebés perciben emocionalmente lo que pasa afuera de la panza. ¡Todo empieza ahí adentro!

Si tuviste buenos papás, buenas influencias mientras crecías, y si tomaste buenas decisiones a lo largo de tu vida, lo más probable es que hayas escrito una buena historia hasta hoy. Pero lamentablemente, hay personas que no han gozado la misma suerte. Muchos recibieron rechazo, abusos, maltrato, violencia, consejos tontos de gente mala, maldiciones y todo eso han influido negativamente sobre ellos. Los ha empujado a tomar malas decisiones a lo largo de su vida y hoy viven cometiendo errores una y otra vez. ¡La buena noticia es que existe un restaurador! Él quiere tomar a cada ser humano en sus brazos de amor y volverlo a su diseño original.

Solemos hablar de *problemas de noviazgo* o *problemas matrimoniales*, pero lo cierto es que no existen tales problemas, ¡Lo que existen son *personas* con problemas!: chicos con baja autoestima, chicas a las que les cuesta perdonar, gente que aún no ha sanado las heridas de su corazón. Los *problemas de noviazgo* son simplemente la suma de los *problemas personales* de ambos novios. Por eso, para que la relación funcione bien, es indispensable que analices estos aspectos. Estas son algunas de las cosas que pueden haberte marcado y que Dios quiere restaurar en tu vida:

Palabras de maldición

Quizás hubo gente que te lastimó con palabras de rechazo o desprecio. Puede haber sido tu papá, tu mamá u otro familiar cercano. Te dijeron «*eres una porquería*», «*no sirves para nada*», «*nadie te quiere*», «*nunca lograrás nada en la vida*», «*todo te sale mal*», «*no vales*», «*tonto, estúpido...*» Hay maldiciones aún muchísimo más fuertes que generalmente van acompañadas de violencia física. Esas palabras dejaron una marca profunda en tu corazón y no es solo una herida profunda, Se ha transformado en un argumento mentiroso: algo que es falso pero que tú creíste que era verdad. Hoy piensas que de verdad nadie te quiere, que de verdad vales poco y nada, que todo te sale mal, que jamás logras las cosas que te propones, que realmente eres un tonto o una estúpida. Algunos fueron acomplejados desde chiquitos por un rasgo físico. Quizás en la escuela te decían «narigona», «petiso», «gorda», «orejón», o cosas por el estilo y esos apodos te estigmatizaron. Hoy luchas con complejos, te sientes avergonzado/a de tu cuerpo. Quiero decirte que Dios quiere restaurarte y escribir cosas hermosas donde otros escribieron cosas horribles. Él quiere librarte de todas esas mentiras que se instalaron en tu mente. Él quiere que empieces a vivir según su verdad, ¡Su verdad es que él te hizo una persona única, maravillosa, capaz, querida, digna, amada, talentosa, valiosa, hermosa, irrepetible, singular, importante, y muchísimas cosas más! ¡Esa es la verdad que nos hace libres!

Abusos

El abuso sexual es una de las cosas que deja mayores marcas en una persona. Por abusos sufridos en la infancia, muchos confunden su identidad sexual o viven vidas promiscuas al llegar a la adolescencia. Es común que al abusado le cueste mucho entablar una relación sana con otra persona y pensar en el sexo como algo puro y hermoso. Muchos abusados viven con culpa, sintiéndose sucios por lo que les tocó vivir y, obviamente, todo esto afecta su noviazgo y la vida sexual en el matrimonio. Por eso es importantísimo acudir a Dios, nuestro restaurador, y permitir que él sane esas heridas profundas. Quizás digas, «eso es muy difícil, la persona que abusó de mí me arruinó la vida para siempre». Quiero decirte que eso es mentira. ¡No hay nada que sea difícil para Dios! Hay miles de personas alrededor del mundo que le entregaron a Dios sus heridas profundas y que pueden dar fe que él puede sanarlas. Si alguien te robó la inocencia cuando eras chico/a Dios es capaz de devolverte todo lo que te robaron. Dice la Biblia que cuando estamos en Jesús somos una nueva criatura «las cosas viejas van pasando y Dios hace todas las cosas nuevas» (2 Corintios 5:17), él empieza a escribir sobre una nueva hoja en blanco e inaugura un capítulo nuevo en tu vida. No vivas más sintiéndote sucia/o o indigna/a, ¡Jesús restaura tu pureza y dignidad!

Relaciones destructivas

Desgraciadamente muchos se «enganchan» con personas incorrectas. Hay chicas que van detrás del primer merodeador que las procura. En general esos merodeadores son chicos oportunistas y manipuladores que las usan por un tiempo y que luego las desechan como botella descartable. También pasa esto con los hombres. Hay chicos que tienen su autoestima por el piso, que piensan que salir con muchas chicas los va a hacer sentir más hombres. No se dan cuenta que cada relación pasajera deja una marca negativa en sus vidas. Cuando quieren iniciar una relación en serio, sus «historiales» les juegan en contra.

Las heridas que dejan los noviazgos pasajeros van desde sentimientos de rechazo hasta traumas sexuales, culpa por haber perdido el tiempo, rencores profundos y muchísimas cosas más. Hay personas que luego de una mala experiencia de noviazgo se niegan a emprender una nueva relación y dicen: *«todos los hombres son iguales»*, *«es mejor estar solo»* o *«esto del noviazgo es muy difícil»*. Otros llegan a idealizar tanto a su ex pareja que piensan: *«no voy a encontrar a nadie como él»*, *«ella era el amor de mi vida, nunca va a haber nadie igual»*, *«si no es con él, entonces me quedo sola»*, *«se me pasó el tren»* o *«perdí la voluntad de Dios para mi vida»*. Pero no importan tus malas experiencias afectivas siempre que creas que hay un restaurador capaz de hacer todas las cosas nuevas en tu vida. Dios quiere sanar tu corazón y usar esas malas experiencias para producir algo bueno en ti. Él quiere que digas *«¡voy a aprender de mis errores!»*, *«¡voy a sacarles provecho!»*.

Jesús dijo: *«necesitas nacer de nuevo»* (Juan 3:3). En otras palabras, *«Dios quiere que vuelvas a tu diseño original»* *«Él quiere hacerte una nueva hoja en blanco»*. Dios tiene un plan perfecto para cada ser humano que nace en este planeta. Dice la Biblia que él pensó en nosotros desde antes de crear el mundo. Él nos ideó y quiso que absolutamente todos vivamos vidas dignas, felices, productivas, prósperas y abundantes. Jamás estuvo en el plan de Dios que tú y yo suframos ni afectiva, ni sexualmente ni en ninguna otra área. La voluntad de Dios es que lo único que se escriba sobre cada bebé que nace sean cosas positivas. El problema es que nuestro mundo está lleno de gente pecadora que se resiste a hacer la voluntad de Dios. ¡Y entre esos pecadores estamos tú y yo! Si el mundo está mal y si la gente sufre, no es porque Dios sea malo, sino porque nosotros nos apartamos de él y tomamos malas decisiones. No es culpa de Dios, sino nuestra. Pero Dios no se queda de brazos cruzados. Él no se queda reprochándonos nuestros errores. Él toma la iniciativa. ¡Él quiere restaurarnos! Él *quiere* y *puede* reparar todo daño en esa obra de arte que es tu vida.

Quizás preguntes: *«¿y qué tengo que hacer para ser restaurado?»*. Lo más importante es que te entregues en manos del restaurador y que entables una relación personal con él. Empieza a creerle. Comienza a creer lo que él dice acerca de tu vida. Al relacionarte con Jesús, sus palabras de verdad irán reemplazando las mentiras que desde chiquito/a se instalaron en tu mente. Ya no vas a pensar más *«no sirvo»*, *«soy fea»* o *«estoy sucia»*. Ahora tus pensamientos van a alinearse a lo que Dios declaró originalmente sobre tu vida: *«*¡bendito!*»*, *«*¡hermosa!*»*, *«*¡santo!*»*, *«*¡valiosa!*»*, *«*¡capaz!*»*. Para que esto pase es indispensable que leas la Biblia, que busques permanentemente a Dios y que te relaciones con personas que te ayuden en tu sanidad. Dios va a usar a esa gente como su instrumento restaurador. Seguramente conoces a algún pastor, líder o consejero/a de tu iglesia con quien puedes hablar. Cuéntale todas esas cosas que te marcaron desde chico/a. La Biblia enseña que tenemos que buscar ayuda y sacar afuera esos secretos que llevamos guardados para que puedan ser sanados (Santiago 5:16) No tengas vergüenza de hacerlo. Todos, en mayor o menor medida, llevamos heridas en el corazón que necesitan sanar. ¡Todos necesitamos que otros nos ayuden en nuestra sanidad interior! Tu novio/a también será una herramienta que Dios usará para tu restauración y viceversa. ¡Dios no va a resignarse hasta que vivamos según su diseño original! *«En Jesús somos una nueva criatura, las cosas viejas van pasando y Dios hace todas las cosas nuevas»* (2 Corintios 5:17), te animo a que lo creas y vivas.

Preguntas para analizar:

¿Qué heridas de mi pasado están afectando mi vida y mi noviazgo?

¿Con quién puedo hablar para que me ayude a sanar esas heridas?

¿Estoy ayudando a mi pareja a perdonar a aquellos que la/lo lastimaron o estoy alimentando su autocompasión y rencor?

Desafío:

Oren como pareja diciéndole a Dios que no se van a conformar a vivir por debajo de su diseño original. Díganle que creen lo que dice su Palabra: *«En Jesús somos una nueva criatura, las cosas viejas van pasando y Dios hace todas las cosas nuevas»* (2 Corintios 5:17) Pídanle al Espíritu Santo que les muestre las cosas que tienen que ser restauradas en sus vidas. Y comprométanse ambos a buscar ayuda permanente, en su pastor o consejero.

SEMANA 2: SEXO

Si saltaste directamente de la introducción a esta página, te animo a que vuelvas atrás y leas los primeros siete puntos. No podemos avanzar sobre este tema si primero no colocamos las bases. Si ya completaste la primera semana, entonces adelante... Dudé respecto al tópico de esta segunda semana. Luego de colocar los cimientos, no sabía si continuar con el sexo o con la resolución de conflictos. Al principio pensé que lo lógico era seguir con el tema de las peleas, y dejar la sexualidad para la tercera semana. Pero recordé que muchos problemas de pareja se deben a cuestiones sexuales. ¡Es mejor prevenir que curar!, así que pongo el sexo primero.

8: De confundidos a iluminados

Si hay un tema alrededor del que hoy reina la confusión, sin lugar a dudas es el sexo. Nuestra cultura está obscenamente erotizada. Vivimos expuestos a imágenes provocativas, bombardeados por estímulos sensuales de todo tipo. Asistimos a una saturación sexual sin precedentes. Pero, paradójicamente, es altísimo el nivel de desinformación. Aún (o sobre todo) dentro de la iglesia abundan los mitos y las distorsiones. El ruido en torno al sexo es ensordecedor.

Frente a este desconcierto, es urgente que los hijos de Dios hagamos un alto y que tengamos las cosas claras. Nosotros tenemos la luz de la Palabra de Dios. Somos hijos de luz y, donde reina la oscuridad, ¡nosotros debemos brillar! Hoy quiero compartirte algunas verdades contundentes acerca del sexo. Cada verdad está extraída de la Biblia, nuestro manual de vida. Mi objetivo es que encuentres claridad en medio de tanta confusión. ¡Y puedas gozar de una sexualidad plena en tu matrimonio! Aquí vamos:

1. El sexo es bueno

Es sexo no es malo ni pecaminoso. El sexo es bueno, santo, sagrado. Los seres humanos hemos corrompido el carácter puro del sexo. La religión ha hecho del sexo un tema tabú, y ha creado cientos de mitos. Pero la Biblia dice que *«Dios creó al ser humano a su imagen... hombre y mujer los creó... y Dios miró todo lo que había hecho, y consideró que **era muy bueno...**»* (Génesis 1:27-31) Como todo lo que Dios creó, el sexo es puro, excelente.

El sexo es físico, psíquico y espiritual

Uno de los grandes mitos del sexo es que *«solo se trata de algo físico»*. ¡Esa es una tremenda mentira! Somos una unidad: espíritu, alma y cuerpo. Y todo nuestro ser participa del acto sexual. Dice la Biblia que *«el hombre deja a su padre y a su madre, y se une a su mujer, **y los dos se funden en un solo ser**»*. (Génesis 2:24) En una relación sexual se produce una unión física, psíquica y espiritual. Ocurre una fusión total. Sexo no es solo coito o penetración. No es una función biológica más, como comer o respirar. Los que piensan en el sexo como algo meramente físico caen en una gran trampa y se hieren a sí mismos en el nivel más profundo de su ser: su intimidad. Muchas parejas dicen: *«si nadie sale lastimado, embarazado, o con alguna enfermedad de transmisión sexual, ¿cuál es el problema? ¡Divirtámonos!»*. El problema es que esa «diversión» trae consecuencias a nivel emocional, psíquico y espiritual. Porque sexo es muchísimo más que un pene adentro de una vagina. Por eso, estar desnudos en una cama, acariciándose zonas erógenas, es tener relaciones sexuales. Algunas parejas dicen: *«nosotros no tenemos relaciones sexuales, solo nos acariciamos desnudos, pero sin llegar a la penetración»*. ¡No se engañen! La intimidad sexual va más allá del coito propiamente dicho.

2. El sexo es para procrear

No existe el sexo seguro. No hay ningún método anticonceptivo 100 % efectivo. Esto es así ya que uno de los propósitos del sexo es la procreación. En la Biblia, procrear es una bendición de Dios (Salmo

127:3) ¡Los hijos no son un problema, sino una bendición! Esto no nos evade de nuestra obligación de desarrollar una paternidad responsable y acordada con nuestro cónyuge. Por eso los métodos anticonceptivos no tienen nada de malo, siempre y cuando no sean abortivos.

3. El sexo es para el disfrute de la pareja

El placer no es algo malo. ¡Dios quiere que disfrutemos! En su sabiduría, él creó placenteras todas las funciones que garantizan nuestra supervivencia como seres humanos: comer, beber, hacer el amor... ¡aún ir al baño! Dice la Biblia: *«¡Bendita sea tu fuente! ¡Goza de la esposa de tu juventud! Es una gacela amorosa, es una cervatilla encantadora. ¡Que sus pechos te satisfagan siempre! ¡Que su amor te cautive todo el tiempo!* (Proverbios 5:18-19) Dios creó el amor *eros*, el amor erótico sanamente entendido. De los 66 libros de la Biblia, hay un libro entero sobre el erotismo en la pareja: Cantar de los Cantares.

4. El sexo es una expresión de amor

Esta es una de las grandes verdades del sexo. Y lamentablemente una de las más olvidadas. ¡El sexo no es para satisfacerme a mí mismo! En el mundo materialista y hedonista en el que vivimos, el sexo se ha convertido en un juego egoísta. Pero yo no me acuesto con mi esposa solo para satisfacer mis deseos. Lo hago, principalmente, para expresarle mi amor, para relacionarme con ella íntimamente. Me acuesto para dar, no solo para recibir. Me acuesto para entregarme, no para demandar. Sexo es mucho más que tener relaciones sexuales. La sexualidad según Dios es literalmente *«hacer el amor»*, es construir una relación de amor exclusivo, maduro.

5. El sexo debe administrarse responsablemente

Muchos creen que por estar físicamente preparados para la vida sexual, entonces tienen «luz verde» para tener relaciones si así lo desean. Un chico de 13 años tiene un cuerpo preparado para la vida sexual, pero su mente aún no está preparada. Mi hija Milagros, que tiene cuatro años, está físicamente preparada para usar un cuchillo, ¡Pero jamás se me ocurriría darle uno! Sería un irresponsable si se lo diera. La administración irresponsable de la sexualidad es uno de los mayores problemas entre adolescentes y jóvenes hoy en día. Usan «el cuchillo» sin estar preparados y terminan lastimándose. Muchos chicos dicen: *«yo soy libre para elegir mis actos»*. Y tienen razón. Lo que nadie les dice es que son libres para elegir sus actos **pero no las consecuencias de esos actos**. Por eso, ¡por favor entiende lo poderoso que es el sexo! Justamente por ser algo tan poderoso, para bien o para mal, Dios estableció parámetros para su uso. No son parámetros limitantes, sino liberadores. Tienen como objetivo cuidarnos, y que podamos disfrutar de una vida sexual plena. Las normas para una sexualidad plena se resumen en el siguiente principio:

6. El sexo es para el matrimonio

Es mentira que tener relaciones antes de casarse sea *lo normal*. Una cosa es *lo común* y otra *lo normal*. Que algo sea aceptado como común por la cultura no significa que sea lo correcto según el ideal de Dios. La unión sexual entre un hombre y una mujer que se han comprometido en matrimonio es el ideal de Dios y, por consiguiente, ¡es lo mejor para nosotros! Ese principio fue establecido por el Creador y no por la cultura, por lo que su validez es permanente y universal. No importa lo que diga la televisión, o los psicólogos de moda. Solo importa lo que dice Dios. Él nos creó, él nos ama y él sabe lo que es mejor para nosotros. En los próximos días intentaré responder en profundidad la pregunta que se hace un enorme número de parejas: *«¿por qué no es bueno tener relaciones sexuales antes de casarse?»*

El sexo en el matrimonio no es una opción sino un deber

Muchos problemas matrimoniales están vinculados a la apatía sexual. Por eso la Biblia dice que *«el hombre debe cumplir su deber conyugal con su esposa, e igualmente la mujer con su esposo... No se nieguen el uno al otro, a no ser de común acuerdo, y sólo por un tiempo... No tarden en volver a unirse nuevamente»* (1 Corintios 7:3-5) En el noviazgo cuesta pensar en el sexo como un *deber*. Asociamos la palabra *deber* con algo forzado, algo que no queremos hacer, pero que tenemos que hacer igual, a la fuerza. ¡Y en el noviazgo nos morimos de ganas de tener relaciones! Pero así como en el noviazgo la tentación es terminar en una cama, en el matrimonio la tentación es distanciarse y pasar semanas o meses sin tener relaciones. Por eso es tan importante no quemar etapas. Muchas parejas que se morían de ganas de tener relaciones cuando estaban de novios, a los pocos años de casados, ya no quieren saber más nada con el sexo. ¡Se les fueron todas las ganas! El sexo es maravilloso cuando se administra sabiamente, sin quemar etapas.

Jesús dijo: «*ustedes son la luz del mundo*» (Mateo 5:14) Ante la oscuridad, ignorancia y confusión en torno al sexo, es hora de que se levante una generación de luz. Una generación de jóvenes que tenga bien en claro lo que Dios dice respecto al tema y que practique los principios que nos permiten disfrutar de una sexualidad plena. ¡Es hora de andar en luz y de ser luz!

Preguntas para analizar:

¿En qué cosas estoy confundido/a respecto al sexo?

¿Realmente me importa saber lo que Dios dice acerca del tema?

¿He leído libros serios, fundados en valores cristianos, acerca del tema?

Desafío:

Junto a tu pareja hagan una lista de preguntas con las dudas que puedan tener respecto al sexo. Acuerden charlar con su consejero de pareja esta semana para que les ayude a contestar esas preguntas a la luz de la Biblia. Decidan una vez más combatir al peor enemigo del ser humano y de la pareja: la ignorancia. Pídanle a su consejero que les recomiende buenos libros cristianos sobre el tema.

9: De gobernantes a gobernados

El tema de esta semana es el sexo y todo lo que vas a leer a lo largo de estos siete días servirá de poco a menos que primero hagas un cambio fundamental: entender que Dios es Dios. Parece obvio, pero no lo es. Mucha gente cree en Dios, pero vive como si no existiera. Son ateos prácticos. Creen en su existencia, van a la iglesia, oran, cantan, leen la Biblia y «tienen cara de cristianos», pero todo eso no tiene ninguna injerencia práctica en su vida cotidiana. A la hora de tomar sus decisiones, la opinión de Dios no cuenta. Administran el dinero a su manera, trabajan como se les da la gana, hacen lo que quieren con su sexualidad. Es decir, viven a su manera, hacen lo que bien les parece. Son los reyes de sus vidas. Y Dios es solo una figura religiosa a la que acuden para que les solucione sus problemas. Por eso, el cambio fundamental es decidir que Dios sea realmente *tu* Dios. Esto significa que él sea tu Rey, el que manda, el que gobierna tu vida. Significa dejar de vivir a tu manera y empezar a vivir a la manera de Dios.

Muchas personas cuestionan lo que Dios dice respecto a la sexualidad. Se preguntan *«¿por qué es pecado tener relaciones sexuales antes de casarse?»* o *«¿qué tiene de malo tocar una zona «peligrosa» del cuerpo de mi novio/a?»* En los próximos días intentaré responder estas preguntas. Pero lo que te diga no servirá de nada, a menos que primero tengas bien en claro que *Dios es Dios*. Eso significa varias cosas:

- **Él es mi creador**

Y como tal, es el único que realmente sabe lo que es mejor para mí. Es el único que tiene derecho a opinar sobre mi vida. Si compras un auto nuevo y quieres saber cómo funciona, lo primero que haces es leer el manual del fabricante. El fabricante es el que sabe cómo funciona su invento. Él lo hizo. Él sabe cómo hacerlo rendir de manera óptima: qué tipo de aceite lleva el motor, cuánta presión cargan los neumáticos, cuál es la velocidad máxima de aceleración, etc. Dios, nuestro fabricante, nos dejó sus instrucciones en su manual: la Biblia. La Biblia no es un libro de cosas místicas, sino un manual de principios para la vida. Revela la voluntad perfecta de Dios, lo que es mejor para nosotros.

- ## Él es mi papá

¡Eso significa que me ama! Cuando dice *no* a ciertas conductas, como las relaciones sexuales antes del casamiento, no lo hace porque sea autoritario y caprichoso, ¡Lo hace porque me ama y no quiere que sufra! Así como muchas veces tengo que corregir a mis hijos y prohibirles cosas que sé que les hacen mal, de la misma manera Dios nos pone límites. No para restringirnos, sino para cuidarnos. ¡Él es mucho más sabio que nosotros! ¡Él es Dios! ¡Él es nuestro Papá!

- ## Él es mi Señor

La palabra *Señor* significa gobernante, autoridad, el que decide, el que manda, etc. Varios países del mundo conservan sus monarquías. Son naciones en las que todavía hay reyes y reinas: Inglaterra, España, Holanda y otros. Sin embargo, los monarcas de esos países no gobiernan. No son los que toman las decisiones estatales. El que decide es el primer ministro del país (que haría las veces de presidente). Los reyes solo son figuras sociales. Están para salir en las revistas de chismes y para recibir homenajes del pueblo. Son reconocidos por la gente como autoridad, pero en la práctica no tienen ninguna autoridad. Lo mismo pasa muchas veces en nuestra relación con Dios. Lo llamamos «*Rey*» o «*Señor*», pero en el día a día seguimos mandando nosotros. Somos los gobernantes de nuestra vida. Por eso, necesitamos tomar esta gran decisión: pasar de gobernantes a gobernados. Dios tiene que ser el que dirige *de verdad* cada área de nuestra vida. ¡Incluida el área sexual!

A menos que hagas este cambio, todo lo que leerás en los próximos días te entrará por un oído y te saldrá por el otro. Sé que a mucha gente le cuesta ceder el control de su vida sexual a Dios Porque tiene miedo que Dios limite su capacidad de disfrute. La cultura nos «vende» una imagen falsa de Dios. Nos hace pensar en él como un gran ojo que nos vigila desde el cielo, como un tirano de ceño fruncido que nos controla. Pero ¡ese no es Dios! Lo que más desea Dios es que seas feliz. Su voluntad es buena, agradable y perfecta

(Romanos 12:2). Su voluntad es lo más bueno, lo más agradable y lo más perfecto para tu vida. Necesitamos entender que todo lo que hagamos fuera de la voluntad de Dios, aunque al principio parezca bueno y agradable, tarde o temprano termina lastimándonos. ¡No te dejes engañar por tus pasiones ni por lo que ves en la televisión!

Jesús dijo: «No todo el que me dice «Señor, Señor» entrará en el reino de los cielos, sino sólo el que hace la voluntad de mi Padre que está en el cielo» (Mateo 7:21). Él quiere que salgamos del ateísmo práctico, que dejemos de venerarlo como al rey Juan Carlos de España, que es monarca, pero no reina. ¡Él desea ser Señor de verdad! Quiere ser el gobernante de cada área de nuestra vida, incluida nuestra sexualidad.

Preguntas para analizar:

¿Es Jesús de verdad el Señor de mi vida?

¿Me importa lo que Dios dice acerca de mi sexualidad, o veo sus mandamientos como algo religioso y anticuado?

¿Me cuesta pensar en Dios como mi creador y mi papá? ¿Me cuesta creer que su voluntad es buena, agradable y perfecta?

Desafío:

Si Jesús aún no es tu Señor, hoy es el día en el que tienes que tomar la decisión más importante de tu vida: rendirte por completo a él. Esto significa entregarle cada área de tu vida, para que él la maneje. Significa renunciar a vivir a tu manera, y empezar a vivir a la manera de Dios en todo: en tu economía, en tu trabajo, en tus relaciones interpersonales y en tu sexualidad. Haz esta sencilla oración: «Jesús, quiero que seas de verdad mi Rey. Te pido perdón por haber manejado mi vida hasta el día de hoy, como bien me parecía. A partir de hoy quiero vivir como enseña tu Palabra. Entiendo que tu voluntad es lo mejor para mí. Ven a vivir en mí, lléname con tu Espíritu Santo para que pueda hacer tu voluntad en todo. Amén»

10: De gratificación a recompensa

Vivimos en la cultura de lo inmediato.

Hoy la consigna es *«vive tu presente»*, *«goza el momento»*, *«sigue tu corazón»*. El slogan de un conocido banco dice así: *«disfruta la vida hoy»*. Y en esta era de buscadores de satisfacción instantánea, pocos se detienen a pensar en *las consecuencias* de sus decisiones. Muchos compran el último artefacto de moda en arrebatos de consumo, manipulados por la publicidad, y se endeudan por años con su tarjeta de crédito. Otros destruyen relaciones preciosas por una reacción de ira: «vomitan» maldiciones que hieren a sus seres queridos y los distancian por décadas (a veces de por vida). Luego se arrepienten e intentan pedir perdón, pero ya es tarde, el daño está hecho. Mucha gente mira su pasado y se reprocha: *«¿dónde tenía mi cabeza cuando tomé esa decisión? ¿En qué estaba pensando cuando dije esa tontería? ¿Por qué me dejé llevar por mis impulsos? Si tan solo pudiera volver el tiempo atrás y hacerlo de nuevo…»* La buena noticia es que es posible vivir una vida en la que tengamos poco o nada que reprocharnos. Pero esa vida solo es posible si de verdad escogemos el sendero de la sabiduría.

Soy consciente que en esta cultura de gratificación inmediata, hay ciertos consejos que parecen anticuados. Una de las áreas en que el slogan *«disfruta la vida hoy»* se ve claramente reflejado es en la sexualidad. Es un aspecto en el que la sabiduría parece cosa de viejos, fuera de moda. Muchos creen que mantenerse vírgenes hasta el matrimonio es ridículo o imposible, sin embargo, es lo más sabio, prudente y honrado que una pareja de novios puede elegir. ¡También es posible! Con Valeria estuvimos casi cuatro años de novios y nunca tuvimos una relación sexual. Nos conservamos vírgenes, no solo porque Dios dice que tener relaciones sexuales fuera del matrimonio está mal, sino porque entendimos que era lo más sabio que podíamos escoger. ¡Nos convenía! A muchas personas solo les importa lo que está bien y lo que está mal, pero el sabio se mueve por encima de eso. El sabio se pregunta *«¿esto me conviene?»*, *«¿esto me ayuda?»* o *«¿esto me va a complicar en el futuro?»*.

Como ya vimos, el sexo es hermoso, puro, sagrado. Dios lo creó. No solo para la procreación, sino también para nuestro disfrute. Lo creó para que expresemos amor íntima y profundamente. No es solo físico. En una relación sexual se produce una fusión física, psíquica y espiritual. Es una unión poderosísima y, *justamente por eso,* tenemos que ser cuidadosos.

Recuerda que puedes elegir tus actos, pero no las consecuencias. Eres libre para decidir si comes comida sana o comida chatarra, acorde a tus preferencias, pero no puedes controlar las consecuencias de esa elección. Las consecuencias son predecibles: salud en caso de que elijas comida sana o enfermedad (¡y kilos de más!) en caso de que escojas comida chatarra. El sexo tiene mucho en común con la nutrición. ¡No es cuestión de preferencias, sino de diseño divino! Dios diseñó un marco para la sexualidad, en el que jamás habrá consecuencias negativas.

Ese marco seguro para disfrutar plenamente, es el matrimonio. Allí hay compromiso y responsabilidad. Toda relación que no ocurra dentro de ese parámetro, tarde o temprano nos complica la vida. Si Dios ordena que no tengamos relaciones fuera del matrimonio no lo hace porque sea malo o represor. Todo lo contrario, ¡como buen papá nos está cuidando! Si yo le prohíbo a mi hijo Ezequiel usar una escopeta, no soy malo con él. Aunque él piense que sí y se queje *«¡papá, no entiendo por qué no me dejas usar la escopeta, eres malo!»*. Como papá amoroso, mi responsabilidad es cuidarlo y hacerle entender que todavía no está preparado para usar un arma. Lo mismo pasa con los principios de Dios para nuestra sexualidad. No es que *«esto está mal porque yo lo digo, y punto»*. Siempre que Dios establece un límite, lo hace para cuidarnos, no para restringirnos caprichosamente. A nadie se le ocurriría salir al balcón de un décimo piso y decir *«que represor el arquitecto que diseñó este departamento, ¿por qué puso una baranda? ¡Esa baranda me restringe, me limita!»*. A menos que tengas un instinto suicida, estoy seguro que tu reacción jamás sería esa. Por el contrario, estarías agradecido al arquitecto por haber puesto esa baranda. Esa baranda te da paz, seguridad. Es un límite que te cuida, no te limita. Dios es el arquitecto, el diseñador de tu vida. Él sabe lo que es mejor para ti, no quiere que sufras innecesariamente. Por eso, toma bien en serio sus principios. Esos principios no están para limitarte sino para cuidarte. ¡Están para que realmente disfrutes tu sexualidad!

Jesús dijo: *«Entren por la puerta angosta. La puerta y el camino que llevan a la destrucción son anchos, pero la puerta y el camino que llevan a la vida son angostos»* (Mateo 7:13-14). Jesús te pone en una encrucijada: ¿Qué camino vas a elegir? La mayoría de las personas elige el camino ancho, es decir, el fácil y se dejan llevar por sus instintos. Pero Jesús dijo que hacer lo fácil nos complica la vida. El camino de la gratificación inmediata solo lleva a la destrucción. Si en verdad deseas que te vaya bien en la vida, debes hacer este cambio: deja de buscar lo instantáneo y empieza a perseguir la recompensa. El camino angosto es el camino de la recompensa y te lleva a una vida plena. No es un camino fácil. No es para débiles o mediocres. Transitarlo requiere esfuerzo, disciplina y dominio propio. Su fundamento es la sabiduría y, si quieres caminar por él, debes renunciar a las excusas tontas. ¡Pero es el camino que nos introduce a una vida realmente libre, pacífica, segura y feliz! No hay mayor recompensa que coronar un hermoso noviazgo teniendo tu primera relación sexual con tu cónyuge, en tu noche de bodas. Dice la Biblia que el verdadero amor *todo lo espera* (1 Corintios 13:7). Al hacer este cambio nos damos cuenta que saber esperar es una evidencia de verdadero amor.

Preguntas para analizar:

¿Realmente creo que evitar las relaciones sexuales es fundamental para mi noviazgo? ¿Entiendo que es lo más sabio, prudente y honrado que podemos elegir como pareja?

¿Estoy poniendo excusas para justificar mis deseos de tener relaciones? ¿En qué otras áreas de mi vida soy gobernado por mis impulsos?

¿Qué estamos haciendo como pareja para evitar tener relaciones?

Desafío:

Dile a tu pareja que realmente la / lo amas y que entiendes que el amor verdadero todo lo espera. Dile que tu amor por él / ella trasciende la atracción física y que quieres construir una relación fuerte, sin quemar etapas. Hagan juntos un pacto de santidad hasta el matrimonio. Comprométanse a cuidarse mutuamente, y pídanle a Dios que les de dominio propio y sabiduría para poner los límites necesarios. Díganle a Dios que él es el más importante en sus vidas y en su noviazgo y que lo que más desean es agradarlo y hacer su voluntad. Díganle que saben que su voluntad para con ustedes es buena, agradable y perfecta. Denle gracias porque sus principios no están para limitarlos, sino para liberarlos de problemas. Denle gracias porque él siempre los cuida con amor. Si ya tuvieron relaciones sexuales pídanle perdón a Dios y decidan volver a respetar los límites que nunca deberían haber atravesado. Díganle a Dios que de verdad creen que es posible estar de novios sin tener relaciones sexuales y que deciden volver a empezar de su mano. Mañana hablaremos acerca de qué hacer si ya tuvieron relaciones.

11: De ingenuos a prudentes

Cuando alguien nos pregunta a Valeria y a mí cómo hicimos para estar cuatro años de novios sin tener relaciones sexuales, nuestra respuesta es simple: fuimos prudentes. Una gran cantidad de parejas no ponen ningún límite al besarse o acariciarse, y después se preguntan con pena cómo fue que llegaron hasta la cama. No sé si es imprudencia, ingenuidad, o que en realidad les importa poco o nada cuidarse. Los seres humanos somos expertos en auto-engañarnos. Sobre todo cuando lo que está en juego es algo que por dentro nos morimos de ganas de hacer. Lo cierto es que hay parejas que dicen *«queremos abstenernos hasta el matrimonio»*, pero después hacen todo lo posible para que eso no suceda. Están siempre jugando al borde del precipicio y, «oh casualidad», terminan cayéndose al precipicio. Luego le echan la culpa al diablo, cuando en realidad no es un problema de demonios sino de imprudencia.

Si de verdad quieren guardarse hasta el matrimonio, es indispensable que hagan este cambio y que pasen de la ingenuidad a la prudencia. Es importantísimo que pongan límites en su contacto físico. Lo que generalmente marca el paso de la amistad al noviazgo es el avance físico. Se dieron el primer beso. ¡Aleluya! No es solo algo pasajero, sino que la relación va en serio y ambos sienten que ya pueden considerarse novios. Cuando eran solo amigos, soñaban con ese primer beso. Se veían caminando juntos de la mano o uniéndose en un abrazo interminable. Las hormonas suelen empujar con fuerza en esta etapa previa al noviazgo y, una vez concretado el primer beso, el noviazgo se convierte en una liberación impetuosa de esas hormonas que antes estaban contenidas. Ahora danzan libres al ritmo de la pasión en cierne. El punto al que quiero llegar es que las parejas imprudentes dan rienda suelta a esa pasión y terminan en la cama a las pocas semanas de estar de novios. Otras quizás no terminen en la cama, pero atraviesan abruptamente ciertos límites y luego les cuesta mucho volver atrás y contenerse. Empezaron con un tímido piquito y, a los pocos días, ya están acariciándose en zonas «peligrosas» del cuerpo. Lo cierto es que si ya avanzaste al punto de tocarle un pecho o la cola a tu novia, o al punto de sentarte sobre el regazo de tu novio, de eso a la cama hay solo un pasito. ¡Están jugando al borde del precipicio!

Muchas parejas se preguntan «¿*Qué está permitido en el noviazgo? ¿Qué tipo de besos nos podemos dar? ¿Qué zonas del cuerpo se pueden acariciar y cuáles no?*». Pero la pregunta no es *«¿Qué está permitido y qué está prohibido?»*, la pregunta correcta es *«¿Qué es lo que nos conviene?»*. Acuérdate que a los simples solo les interesa lo lícito e ilícito, pero las personas maduras piensan en un nivel superior. Pablo decía *«todo me es lícito, pero no todo me conviene»* (1 Corintios 10:23). No tiene nada de malo que le acaricies el mentón a tu novio. Pero si a tu novio lo excita mucho que lo acaricien ahí, entonces no conviene que lo hagas. Si lo haces, vas a alimentar sus deseos de acostarse contigo. Por eso es imposible establecer una lista de lo permitido y lo prohibido en el noviazgo. Somos diferentes, cada pareja es única. No obstante, hay cosas que son obvias y aplicables a cualquier pareja. Aquí va una lista sencilla de cosas que no conviene hacer en el noviazgo, y que deberían establecer junto a tu pareja como límites. Son tres cosas que con Valeria pactamos al comenzar nuestro noviazgo:

- **Nunca estar solos en una casa**

Si charlábamos en mi cuarto o en el de ella, siempre procurábamos que hubiera alguien en la casa. Si acompañaba a Valeria hasta su casa y no había nadie, la saludaba en la puerta pero nunca dentro de la casa. Quizás preguntes *«¿y qué pasa si mi novio/a vive solo/a?»* En ese caso busquen otro lugar para charlar y estar solos. Puede ser tu casa, un café, una plaza o cualquier otro lugar público. Si están en su casa, que sea junto a algún amigo o grupo de amigos.

Jamás tocar o acariciar zonas erógenas

Por zonas erógenas entiéndase la cola, los pechos, la vagina, el pene u otras zonas del cuerpo cercanas que pudieran incitarnos a avanzar un poquito más: cintura cercana a la cola, muslos, parte superior del pecho o laterales de la pelvis. Decidimos no tocar estas zonas, ni por debajo ni por arriba de la ropa.

- **Besarnos y abrazarnos solo de pie o sentados, nunca acostados uno encima del otro, o en otras posiciones que pudieran incitarnos a tener relaciones**

Dijimos: *«¡jamás vamos a dormir juntos en una cama mientras seamos solo novios!»*. Ni siquiera vestidos, y aunque sea solo una breve siesta. Alguien pude pensar *«aunque nos pongamos estos límites, si queremos tener sexo siempre vamos a encontrar la manera y el lugar de tenerlo»*. Mi respuesta es sí, tienes toda la razón. Ningún pacto de este tipo sirve de mucho a menos que estén realmente decididos a abrazar el valor de la abstinencia como algo sagrado dentro del noviazgo. Por el contrario, si ambos se comprometen con este valor, van a cuidarse mutuamente y van a hacer todo lo necesario para guardarse, sea con estos límites que usamos con Valeria o con otros que les sirvan a ustedes.

Jesús dijo: «*cualquiera que mira a una mujer y la codicia ya ha cometido adulterio con ella en el corazón*» (Mateo 5:28) Suena extremo, ¿verdad? Jesús no anda con consejitos. No nos dice «*si pueden, chicos, traten de cuidarse*». No dice «*jueguen tranquilos al borde del precipicio, total yo los voy a cuidar para que no se caigan*». Lo que hace Jesús para cuidarnos es establecer un límite bien lejos del precipicio. Aunque suene extremo o radical, lo que Jesús hace mediante estas palabras es cuidarnos, mantenernos en una zona segura. Y lo hace porque conoce nuestro corazón. Sabe bien que cuando traspasamos ciertos límites, es muy probable que ya no podamos contenernos, que sintamos que una fuerza mayor a nosotros nos absorbe o arrastra.

«*¿Entonces no debería sentirme atraído por mi novia?*» No, Jesús no dijo eso. Sentir atracción por tu pareja no solo es normal, sino bueno y necesario. ¡El problema sería que no te sintieras atraído/a! Pero una cosa es que te guste físicamente y despierte cosas en ti a nivel sexual, y otra muy distinta es que vivas fantaseando con él o ella, pensando en la manera de poseerla/o sexualmente. No puedes poseerla/o porque ¡no te pertenece aún! ¡Es ilegal! ¡Sería un robo! Solo cuando nos unimos bajo el pacto matrimonial tenemos derecho a tomar a nuestro cónyuge y fundirnos en un solo ser. Vincularse sexualmente con una persona, fuera del marco legal del matrimonio, se llama *fornicación* y Jesús nos cuida de caer en ese error manteniéndonos bien lejos del precipicio. Él sabe que nuestro principal órgano sexual es el cerebro y nos enseña que es posible controlar nuestros pensamientos codiciosos. Nuestras conductas se gestan en nuestra mente. Las tontas e ingenuas, y también las sabias y prudentes. Por eso, es hora que hagan este cambio y dejen de decir «*nosotros podemos controlarlo*», «*no hay nada de malo en estas caricias*» «*siempre terminamos zafando*», y cosas similares. Reconózcanse débiles y vulnerables, para que Dios pueda fortalecerlos. Y para que puedan así vivir siempre en una zona segura, bien lejos del precipicio.

¿Qué pasa si ya caímos al precipicio? Sé que esa es la gran pregunta de muchas parejas (sea que tuvieron una relación sexual aislada, o que mantienen relaciones con regularidad). Los animo a hacer seis cosas:

Arrepiéntanse

Este es el principio de todo cambio verdadero. Díganle a Dios que de verdad se arrepienten, que están tristes y avergonzados por lo que hicieron y que se hacen responsables por su conducta y también por las consecuencias. No se justifiquen ni pongan excusas. Simplemente abran sus corazones y pídanle a Dios que los perdone. Díganle *«Señor, reconocemos que lo que hicimos estuvo mal, que fue algo tonto, que nos perjudica, que va en contra de tu voluntad buena y perfecta para nuestras vidas»*. Pueden usar como guía el Salmo 51, que David escribió luego de haber adulterado. Es importante que, más allá del pesar que produce haber desobedecido a Dios, haya un verdadero cambio de mentalidad. Tienen que estar determinados a no volver a hacerlo. Arrepentimiento no es solo remordimiento. La palabra que en la Biblia se traduce como «arrepentimiento» es *metanoia*, que significa un cambio en nuestra manera de pensar. La *metanoia* es importantísima, sobre todo en parejas que han mantenido relaciones sexuales frecuentemente, y que veían esta conducta como *normal*.

- **Confiésenlo**

La confesión es una expresión del verdadero arrepentimiento. Es la manera de hacernos responsables delante de otros. Al confesar nuestro pecado, le cerramos las puertas al diablo, ya que él se mueve en lo oculto, en lo secreto. Confesar es un paso en dirección a la luz, que nos ayuda a no repetir el error. La Biblia dice *«El que encubre sus pecados no prosperará; mas el que los confiesa y se aparta alcanzará misericordia»* (Proverbios 28:13) RVR 1960. Santiago también enseña que tenemos que confesarnos nuestros pecados unos a otros, y orar unos por otros para ser sanados (Santiago 5:16). La gran barrera que nos impide confesar es la vergüenza. Es el miedo al *«qué dirán»*, al *«qué pensarán»*. A veces en la iglesia queremos proyectar una imagen de personas perfectas que nunca se equivocan. Pero la iglesia no es *«el club de los buenos»*, sino un hospital espiritual en el que todos necesitamos ser sanados. Todos estamos enfermos, todos cometemos errores. Por eso confesar nuestros pecados debería ser lo más natural del mundo. No les tiene que importar lo que opine la gente, solo les tiene que importar estar en paz con Dios. También es importante que entiendan que no tienen que confesárselo a media iglesia. Solo escojan una persona de su absoluta confianza. Puede ser su líder o consejero. La clave es que sea alguien que guarde la confidencialidad, que exprese misericordia y que tenga sabiduría de Dios para guiarlos pastoralmente en los siguientes cuatro pasos.

- **Reciban el perdón de Dios**

La Biblia dice claramente: *«Si confesamos nuestros pecados, él es fiel y justo para perdonar nuestros pecados, y limpiarnos de toda maldad»* (1 Juan 1:9) RVR 1960. ¡Créanlo! ¡Recíbanlo! A veces pensamos que hay pecados más «graves» que otros. Y por consiguiente, pensamos que es más difícil que Dios los perdone. Eso es mentira. Dios no tiene un *ranking* de pecados que vaya desde los más «pesados» a los más «livianos». Todos los pecados están en el mismo nivel. Sí, es verdad que no todos los pecados traen aparejadas las mismas consecuencias, pero en materia de perdón, la sangre de Jesús nos limpia por igual. ¡Es por gracia! Para que Dios los perdone no tienen que cumplir con ninguna penitencia especial, ni ir de rodillas hasta Luján. Basta con arrepentirse de corazón, y confesar su pecado.

Rechacen la culpa

El diablo va a querer recordarles lo que hicieron y llenarlos de culpa. Dice la Biblia que él es nuestro acusador (Apocalipsis 12:10). Va a hacerlos sentir sucios, indignos y les va a susurrar al oído *«¿Con qué cara van a ir a la iglesia después de lo que hicieron?»*, *«¿Cómo se atreven a orar?»*, *«Son unos hipócritas»*, *«Dios está enojado con ustedes»* y cosas por el estilo. La intención final del diablo siempre es alejarnos de Dios y su estrategia para lograrlo es la mentira. Nos hace creer que Dios nos rechaza por lo que hicimos, que no podemos acercarnos a él. Pero es totalmente al revés. ¡Vamos al médico cuando estamos enfermos! A nadie se le ocurriría decir *«¿con qué cara me voy a presentar delante del doctor, en el estado físico deplorable en el que estoy?*». Justamente vamos al doctor cuando estamos mal, para que nos cure. Y Dios es el gran médico, que nos recibe de brazos abiertos cada vez que vamos a él con un corazón enfermo. Él nos perdona, nos sana y se olvida de lo que hicimos. En la cruz fue cancelado nuestro prontuario, ¡Jesús es nuestro abogado defensor! Él se para a nuestro lado para defendernos del acusador. Dice la Biblia: «...*si alguno hubiere pecado, abogado tenemos para con el Padre, a Jesucristo el justo*» (1Juan 2:1) RVR 1960. Simplemente crean esta verdad y oren rechazando toda culpa en el nombre de Jesús.

- **Renuncien a toda ligadura afectiva y espiritual**

Es importante que su consejero los guíe en este punto. Ya vimos que tener relaciones sexuales es mucho más que unirse físicamente. Como en el acto sexual también se produce una unión afectiva y espiritual, tienen que renunciar a esa ligadura si quieren hacer las cosas bien. Aún luego de haber dado los cuatro pasos anteriores, las imágenes y sensaciones provocadas por la relación o las relaciones que tuvieron perduran en el tiempo. Por eso tienen que orar entregándole esas imágenes y sensaciones a Dios. Contrariamente a lo que la TV muestra, la gran mayoría de los jóvenes reconoce que su debut sexual, lejos de haber sido algo gratificante, fue una verdadera experiencia traumática que les dejó profundas heridas emocionales. Si esas heridas no se cierran, terminarán afectando su sexualidad en el matrimonio. Digan «*en el nombre de Jesús renunciamos a toda ligadura afectiva y espiritual que se haya producido entre nosotros por la relación o las relaciones sexuales que mantuvimos. En Jesús nos declaramos libres y capacitados para guardarnos hasta el matrimonio*» y dejen que su consejero ore por ustedes.

- **Pongan los límites que deberían haber puesto desde un principio**

A menos que hagan esto, todo lo anterior será en vano. La Biblia dice «*Levanten las manos caídas y las rodillas paralizadas; y hagan sendas derechas para sus pies, para que lo cojo no se salga del camino, sino que sea sanado*» (Hebreos 12:12-13) RVR 1960. Los primeros cinco pasos apuntan a que levanten las manos caídas y las rodillas paralizadas. Pero eso es solo una parte de la sanidad. La otra parte tiene que ver con mirar hacia adelante y hacer sendas derechas para sus pies. Y hacer sendas derechas significa poner límites. Imagínate una autopista sin barreras de seguridad. ¡Los autos se caerían continuamente! A eso se refiere este pasaje de Hebreos. En otras palabras, Dios les dice: «tomen decisiones sanadoras», «ya el pasado está perdonado. Ahora miren hacia adelante. Sean sabios» y «no vuelvan a cometer los mismos errores».

Preguntas para analizar:

¿En qué hábitos deberíamos ser más prudentes? ¿Hay límites que ya traspasamos? ¿Nos cuesta mucho contenernos?

¿Cuáles son los límites que debemos poner para evitar tener relaciones sexuales?

¿Quién pone el «freno» cuando nos besamos? ¿El cuidado es mutuo?

Desafío:

Si aún no lo han hecho, hagan un pacto de cuidado mutuo como pareja. Con un papel y una lapicera en mano hagan una lista de los límites que van a poner en su noviazgo. Pídanle al Espíritu Santo que los guíe en la confección de esa lista. Comiencen cada frase con palabras como «prohibido», «jamás» o «nunca». Acuerden que ninguno se va a enojar si el otro pone el «freno». Preséntenle ese acuerdo a Dios en oración diciéndole que no quieren ser imprudentes. Reconózcanse débiles y vulnerables delante de Dios, y pídanle que los fortalezca con su poder.

12: De cortoplacistas al largoplacistas

Estar de novios es ser más que amigos, pero menos que cónyuges. Es un estado intermedio, de transición. El noviazgo es la etapa para empezar a conocer a la persona con la que quiero pasar el resto de mi vida. ¡Y también es una etapa para darme cuenta si *realmente* es o no es la persona con la que quiero pasar el resto de mi vida! Por eso es vital que el conocimiento sea progresivo, que la relación vaya avanzando a ritmo lento, sin quemar etapas. Si tuvieron una buena amistad previa al noviazgo, lo más probable es que la relación esté fundada sobre una base sólida de conocimiento y confianza. Aún así, es importante que la relación vaya despacio, porque, al empezar un noviazgo, se establece un vínculo más íntimo y, al conocerse con mayor profundidad, puede pasar que se den cuenta que no funcionan bien como pareja. Por eso es fundamental que sean prudentes y que vayan despacio, sobre todo en materia de besos, caricias y contacto físico.

Muchas parejas tienen serios problemas en su relación por encuentros sexuales que mantuvieron en el pasado con otras personas. Esos encuentros dejaron una marca profunda en sus corazones que ahora los afecta negativamente. En aquella oportunidad no les importó, solo querían disfrutar el momento. Pero ahora se dan cuenta de cuánto dolor se hubieran ahorrado si tan solo hubieran dicho «no». Esto pasa porque la mayoría de las personas solo piensa en el corto plazo y lo único que les importa es vivir el momento. Les cuesta proyectarse y ver más allá. No tienen ningún proyecto de vida, van avanzando según «se presente la cosa». No entienden que en la vida hay etapas y, por consiguiente, no son capaces de disfrutar de las cosas propias de cada una de estas temporadas de la vida, pues las queman o retrasan innecesariamente, haciendo las cosas a destiempo. En ese sentido, lejos de disfrutar del hoy, viven anclados en el pasado o paralizados ante el futuro.

Es común ver matrimonios que caen en el aburrimiento sexual por haber «quemado todos los cartuchos» en el noviazgo. Vivieron en esa etapa lo que deberían estar viviendo ahora, en el matrimonio. Pareciera que ya no tienen nada nuevo por descubrir. Por eso, una de las cosas más lindas del noviazgo, a nivel sexual, es justamente ¡quedarse con las ganas! Cuando iniciamos el descubrimiento sexual en el matrimonio, la probabilidad de caer en la rutina se reduce notablemente. También se reduce la probabilidad de tener problemas sexuales. Los problemas sexuales no son solo fisiológicos. En general se originan en traumas, en malas experiencias sexuales, en distorsiones, en la ignorancia. Es mentira que para desenvolverse mejor sexualmente «*hay que tener experiencia*». Para que dos piezas ensamblen bien, lo mejor es unirlas desde el principio, que aprendan juntas desde un primer momento, que se vayan amoldando mutuamente y que no estén marcadas ni condicionadas por ninguna unión previa.

Esto quizás suene idealista o utópico, pero es lo que quiero para mis hijos. Quiero que se casen vírgenes, con su primer/a novio/a, y que no sufran innecesariamente. Aún cuando puedan entablar algún noviazgo previo al que finalmente derivará en matrimonio, mi oración es que tengan la sabiduría de pensar a largo plazo. Que no se «quemen» teniendo relaciones fuera de tiempo. Esas relaciones afectan negativamente nuestro futuro.

Si quieren vivir sabiamente tienen que hacer este cambio. Tienen que levantar la mirada hacia el futuro, y dejar de pensar solo en el corto plazo. Una de las cosas que lleva a las parejas a tener relaciones a las pocas semanas de estar de novios es la ausencia de un proyecto de vida. ¡Solo quieren estar juntos! No les importa si el noviazgo termina en matrimonio o no, lo único que cuenta es que se quieren y desean. No ven el noviazgo como una etapa de transición, sino como un fin en sí mismo. Dicen «*ahora nos queremos, no importa lo que pase mañana*». También ponen un sinfín de excusas para tener relaciones:

«*el cuerpo nos lo pide...*»
«*hay que dejarse llevar...*»
«*si nos amamos, ¿qué tiene de malo?*»
«*es algo entre nosotros, privado...*»
«*nos cuidamos y listo...*»
«*todo el mundo lo hace...*»

Te aseguro que estos pensamientos se cruzaron muchas veces por mi cabeza cuando estaba de novio con Valeria. A menos que seas un extraterrestre, lo normal es que tengas ganas de tener relaciones con tu novia. Pero tanto en mí como en Valeria había un deseo mucho más fuerte que el de acostarnos y pasar un lindo rato juntos, era el deseo de que nos fuera bien en la vida. No recibimos una fuerza sobrenatural «anti tentación» reservada para unos pocos elegidos. Nadie nos vacunó contra la «calentura». Lo que sí tuvimos fue temor de Dios, es decir, la capacidad de tomar bien en serio las advertencias que él nos dejó en su Palabra.

Una de esas advertencias, que decidimos tomar bien en serio, es la que dice «huyan de la fornicación» (1 Corintios 6:18). Fíjate que no dice «traten de resistir las tentaciones sexuales» o «aguanten la fornicación». Dice «¡huyan!». Huimos ante algo que consideramos realmente peligroso. Huimos frente a lo que sabemos que es más fuerte que nosotros: un ladrón armado, un animal salvaje o un huracán. Huimos porque nos damos cuenta que no podemos hacerle frente, que nuestra única opción es escaparnos. No somos cobardes o débiles por huir, ¡es lo más sabio que podemos hacer! Muchas parejas piensan que son lo suficientemente fuertes como para hacerle frente al ladrón armado, dominar el animal salvaje o permanecer de pie ante el embate de un huracán. Se creen muy vivos, juegan al borde del precipicio ¡y terminan cayéndose! Por eso, la orden de Dios no es «resistan», sino «¡huyan!». La Biblia también nos advierte: «el que piensa estar firme, mire que no caiga» (1 Corintios 10:12) RVR 1960. Tenemos que asumirnos débiles, y poner límites lo más lejos del precipicio que nos sea posible.

Jesús le dijo a unas personas que lo querían apurar: «Todavía no ha llegado mi hora» (Juan 2:4 / Juan 7:6) Y como le pasó a él, te va a pasar también a ti. La gente siempre va a querer empujarte, apurarte, manipularte. Van a incitarte a hacer cosas fuera de tiempo, aún cosas buenas. A nivel sexual, la sociedad, la cultura, los amigos, los medios de comunicación, y a veces la propia familia, nos quieren empujar. Pareciera que si no tienes relaciones con tu novia eres un tonto. Pero saber esperar no es de tontos, sino de sabios. La vida es parecida a una carrera y la Biblia enseña que tenemos que «correr con paciencia» (Hebreos 12:1), en otras palabras: «¡no quieras todo ya!», «si quieres ganar la carrera, aprende a ser paciente», «no quemes etapas», «que tu visión no sea a corto plazo, sino a largo plazo», «*la carrera de la vida no son cien metros llanos, es una maratón*» o «*en esta carrera todo tiene su tiempo*». Pablo usó la imagen de un corredor al decir: «*corran de tal manera que obtengan el premio... el que compite de todo se abstiene... yo no corro como los que no tienen metas... yo domino mi cuerpo*» (1 Corintios: 24-27) ¿Cuáles son tus metas? ¿Tienes un «plan de carrera»? ¿Quieres ganar la carrera? ¿Te cuesta pensar a largo plazo? Cuando tenemos en claro hacia dónde vamos en la vida, ya nadie nos puede apurar.

Preguntas para analizar:

¿Tengo un proyecto de vida? ¿Veo el noviazgo como una etapa de preparación para el matrimonio, o estoy de novio solo porque me hace bien?

¿Quiénes me están empujando a hacer cosas antes de tiempo? ¿Estoy cediendo a esa presión?

¿Mi pareja sabe cuáles son mis sueños y metas en la vida? ¿Comparte esos sueños y metas?

Desafío:

Pídele a Dios sabiduría para disfrutar de las cosas únicas de esta etapa del noviazgo. Usa para la oración el Salmo 90:12, que dice así: «*Enséñanos a contar bien nuestros días, para que nuestro corazón adquiera sabiduría*». Llama a tu novio/a por teléfono, y dile que disfrutas muchísimo tu relación con él/ella. Dile que oraste y vas a seguir orando para que Dios les de sabiduría para aprovechar al máximo esta etapa creciendo de a poco en la relación.

13: De dominados a dominantes

En el ámbito cristiano se da un fenómeno muy particular. Ya que como discípulos de Jesús sostenemos la abstinencia sexual hasta el matrimonio como un valor fundamental del noviazgo, muchas parejas quieren casarse lo más rápido posible para así tener «luz verde» en el sexo. Usan como excusa de su apuro el pasaje en el que el apóstol Pablo dice: *«si no pueden dominarse, que se casen, porque es preferible casarse que quemarse de pasión»* (1 Corintios 7:9) y así se comprometen prematuramente, pensando únicamente en librarse del «prohibido». Lo único que quieren es dar rienda suelta a su deseo sexual. ¡Luego se dan cuenta que el matrimonio consistía en muchísimo más que en tener sexo! Esta es una de las razones por las que hay tantos matrimonios cristianos inmaduros que, con apenas uno o dos años de casados, ya quieren separarse. Se sacaron las ganas de tener relaciones y ya no les queda más nada por delante. Se casaron empujados por la presión sexual sin haber madurado su noviazgo y sin tener un proyecto de vida juntos. Y ahora, lamentan esa decisión apurada.

La solución a este problema, obviamente, no es tener relaciones prematrimoniales, sino crecer en continencia. Con Valeria estuvimos casi cuatro años de novios y, cómo ya te dije, pudimos madurar nuestra relación con continencia, sin tener relaciones. Lo logramos, no porque seamos extraterrestres, sino simplemente porque creímos que de la mano de Jesús ¡es posible! Y también porque hicimos nuestra parte: fuimos prudentes y pusimos límites. ¡Que «sacarse las ganas» jamás sea el motivo que los lleve a casarse! No es opción casarse apurados, ni tampoco sentir que se están «quemando». Si sienten que se están quemando, la solución no es casarse, sino hacerse estas preguntas:

¿Qué lugar ocupa el sexo en mi vida?

Lo que ocupa el primer lugar en mi vida es aquello que me domina, que me mueve. Si tomo la decisión de casarme movido por mi deseo sexual, eso refleja el lugar prioritario que tiene el sexo en mi vida. El sexo se convirtió en mi dios. La sexualidad es algo maravilloso, santo e importantísimo en el matrimonio, pero es solo una parte de la vida conyugal. No es el todo, ni lo único importante. Muchas personas hacen del sexo su dios y toman decisiones impulsivas y egoístas empujados por este dios sexual. Por eso, es muy difícil practicar la abstinencia sexual a menos que Dios sea realmente el «Dios» de nuestra vida, con mayúsculas.

¿Cómo me afecta la presión cultural?

Como ya dijimos, vivimos en un mundo erotizado. No hace falta investigar mucho para darnos cuenta de esta realidad. Basta con encender el televisor, mirar los afiches publicitarios en la vía pública, ojear una revista, observar las fotos que usa la gente en sus perfiles de *facebook* o escuchar las conversaciones de nuestros amigos de la facultad y del trabajo. En la vida del ciudadano promedio, el sexo ocupa un lugar preponderante y es común que se tenga un concepto tergiversado del tema. Muchos viven dominados por la seducción o utilizan su potencial imaginativo para generar fantasías de todo tipo. Ni que hablar de los millones de esclavos a la pornografía, la principal adicción de nuestro tiempo. Nuestra cultura levanta al sexo como uno de sus grandes «dioses» y, a menos que vivas aislado en la cima de una montaña, vas a tener que lidiar con esa presión cultural. Obviamente, esa presión también afecta el noviazgo, y muchas veces nos lleva a creer que la abstinencia es algo imposible o que tenemos que casarnos lo antes posible porque sino «vamos a reventar».

¿Con qué frecuencia tengo fantasías con mi pareja?

Algunas parejas se preguntan *«¿está mal imaginarme cómo va a ser tener relaciones con mi novia/o, cuando nos casemos?»* Obviamente es imposible no tener un grado de expectativa y proyectarse a futuro con alguna imagen mental. Pero cuando estas «películas» son algo frecuentes y compulsivas, es muy probable que terminemos concretándolas o que nos casemos apurados para poder concretarlas. Estas fantasías aumentan o disminuyen de acuerdo a cómo manejemos la presión del entorno. Si eres adicto a la pornografía, lo más probable es que proyectes las imágenes que ves en Internet o en la televisión sobre tu novia. Vas a querer concretar esas fantasías con ella.

¿Dónde estamos poniendo nuestros límites?

Una vez más, tenemos que recordar que el deseo siempre existirá. Es normal, natural y bueno que esté. El desafío es mantener ese deseo en una zona segura, consensuando límites con nuestra pareja, cuidándonos mutuamente, hablando de sexo sin «pelos en la lengua» y siendo prudentes y temerosos de Dios en todo. La abstinencia es un aprendizaje invaluable para la pareja. Las parejas que se casan apuradas se saltan esta escuela de vida. Piensan «¡*más de seis meses más no aguantamos!*». Si juegan al borde del precipicio, es probable que no aguanten. Pero si ponen límites a una distancia prudente, van a poder estar cuatro, cinco o más años de novios sin tener relaciones (y sin que sea *«una carga pesada que tenemos que llevar»*)

Jesús dijo: *«van a conocer la verdad y la verdad los va a hacer libres»* (Juan 8:32). Somos libres de la esclavitud cuando las mentiras de nuestra mente son reemplazadas por la verdad de Dios. Hoy, nuestra cultura nos grita una gran mentira: *«El sexo es todo y si no lo practicas te estás quemando»*. Pero Jesús declara la verdad que nos libra de toda mentira esclavizante: *«El sexo no lo es todo, y perfectamente puedes vivir en abstinencia porque yo te hice libre, te di un Espíritu de dominio propio y, como hijo de Dios, estás destinado a dominar sobre las cosas, no que las cosas te dominen a ti. ¡En mí eres más que vencedor!»*

Preguntas para analizar:

¿Qué lugar ocupa el sexo en mi vida?

¿En qué medida me afecta la presión cultural?

¿Con qué frecuencia tengo fantasías con mi pareja? ¿Dónde estamos poniendo nuestros límites?

Desafío:

Como pareja decidan nuevamente decirle *no* a las relaciones sexuales antes del matrimonio. Decidan nuevamente poner límites prudentes, para mantener su deseo en una zona segura y decidan jamás casarse movidos por sus ganas de tener relaciones. Crean y declaren que la abstinencia no va a ser una «carga pesada» que van a tener que llevar, sino que Dios los va a fortalecer y ayudar hasta que la relación madure y puedan proyectar una vida juntos. Crean y declaren también que guardarse de tener relaciones va a ser un aprendizaje invaluable, que los va a ayudar en esa maduración.

14. De esclavos a libres

Un viejo mito afirma que el matrimonio es la cura definitiva para todo problema sexual y un gran número de jóvenes cree que eso es verdad: piensan que el día en que se casen esos conflictos desaparecerán por arte de magia. Quizás luchan con la pornografía, la masturbación, la falta de deseo sexual, la homosexualidad, la culpa, la promiscuidad, y dicen: *«solo es cuestión de esperar a estar casados, el matrimonio va a solucionar todo», «El día en que me case voy a dejar de masturbarme», «El día en que me case voy a dejar de consumir pornografía», «El día en que me case va a desaparecer ese deseo homosexual»* o *«El día en que me case ya no me atraerán más otras personas».* Quiero advertirte que no hay nada más alejado de la realidad que esos pensamientos. En la mayoría de los casos, el matrimonio lejos de solucionar los problemas sexuales, ¡los agrava!

Por eso, es importantísimo que seas libre lo antes posible de toda atadura sexual *ahora* que estás de novio. Es vital que empieces el matrimonio sin hábitos que te esclavicen, sin ataduras sexuales que te condicionen. ¡Jesús vino a hacerte libre! Y eso no es para el día en que te cases, es para ahora. Claro que una vez casado tendrás que seguir despojándote de hábitos que quieren esclavizarte. El proceso liberador y sanador de Dios es progresivo y en el matrimonio necesitas avanzar a nuevos niveles de libertad (o luchar por no perder la libertad obtenida). Pero es importante que en el noviazgo allanes el camino. No digas *«eso lo voy a resolver el día que me case».* Si no empiezas a luchar por tu libertad ahora que estás de novio, difícilmente la lograrás el día en que te cases.

Veamos algunos hábitos sexuales que nos esclavizan:

- **Pornografía**

La principal adicción contemporánea no es el alcohol ni la droga, sino la pornografía. Existen millones de sitios pornográficos en Internet que reciben miles de visitas diarias. Por su alto poder adictivo, los consumidores de esta «droga» se sienten compelidos a ingerir nuevas y mayores dosis de la misma y, como sucede con cualquier otra droga, la pornografía termina esclavizándolos y controlándolos. Quieren abandonar el hábito porque se dan cuenta que les hace mal, pero sienten que es algo más fuerte que ellos. Se perciben «obligados» a consumir. Los más afectados por la pornografía son los hombres ya que su excitación sexual se produce principalmente por la vista. Sin embargo, también hay mujeres atadas a este hábito. Muchos problemas sexuales en las parejas—la infidelidad, el preferir masturbarse a tener relaciones sexuales, la promiscuidad, la falta de deseo sexual—son causados por el consumo de pornografía. Si tu novio está luchando con este problema, es importantísimo que no lo juzgues ni lo celes, sino que lo alientes a ser libre y lo acompañes en el proceso de libertad. Tampoco es bueno que lo justifiques, ya que ese hábito es tan destructivo para él como para ti y tarde o temprano terminará afectando la relación si no se soluciona.

- **Masturbación**

Masturbarse es estimular, manualmente o con algún objeto, las zonas erógenas del cuerpo (pene o vagina) con el fin de producir excitación sexual y el orgasmo. Este es otro de los hábitos sexuales esclavizantes que debemos vencer antes de casarnos. Como ya dijimos, algunos piensan que al casarse van a dejar «mágicamente» de masturbarse. Dicen: *«cuando esté casado voy a poder descomprimir mi tensión sexual teniendo relaciones con mi cónyuge y ya no necesitaré masturbarme»*. Obviamente los que piensan así ven la masturbación como una *vía de escape* a la tentación de tener relaciones con su pareja. Su argumento es el siguiente: *«ya que no puedo tener relaciones sexuales con mi novia porque es pecado, entonces me masturbo»*. No se dan cuenta que masturbarse también es pecado. No por el acto físico en sí (por tocarse sus zonas erógenas), sino por todo lo que pasa por sus mentes cuando se tocan. ¡Nadie se masturba pensando en el salmo 23! Generalmente la masturbación es solo una consecuencia del consumo de pornografía. Hay decenas de fantasías sexuales que acompañan la estimulación física.

Jesús enseñó que lo que contamina al hombre no es lo que entra en el hombre (lo físico), sino lo que sale de él: los malos pensamientos, los adulterios, las fornicaciones, la lascivia, etc. (Marcos 7:21). Estas son las cosas que salen de nuestro corazón al masturbarnos. Son esas fantasías las que nos contaminan y atan espiritualmente. Buena parte de los psicólogos considera que la masturbación es normal y buena, pero, obviamente, ellos no tienen en cuenta el aspecto espiritual del ser humano. Por eso, un discípulo de Jesús no vive según los consejos de los psicólogos de moda, sino por lo que enseñó su Maestro y Rey: Jesús. ¡Gloria a Dios por la psicología! En las manos de Dios es una herramienta poderosísima. Pero la psicología tiene sus limitaciones, ya que solo toma en cuenta el aspecto mental y físico del hombre. Aquí van algunas cosas que los psicólogos no te van a decir respecto a la masturbación:

Es adictiva

En la adolescencia empieza como un acto de descubrimiento del cuerpo y de la sexualidad. Aún los niños se tocan sus genitales y experimentan placer, de manera ingenua. Eso es normal. El problema aparece cuando esta estimulación inocente empieza a ir acompañada de fantasías, y se convierte en práctica. El comentario de la mayoría de los jóvenes es que sienten que la masturbación es más fuerte que ellos, que no pueden controlarla. Están atados y esclavizados.

Nos aísla

Por esencia, es un acto egoísta que nos aísla y que tergiversa el verdadero propósito de la sexualidad como acto de comunicación y amor entre dos personas del sexo opuesto. Dios nos hizo sexualmente diversos: hombre y mujer. En el fondo, masturbarse es negar esa diversidad, es negar mi necesidad del otro. También es querer recibir sin dar nada a cambio.

Acrecienta temores y una autoimagen débil

Siempre es más fácil y cómodo auto-provocarse el placer que exponerse a otro y asumirse necesitado y vulnerable. Muchos se masturban por temor al rechazo, porque se sienten solos o porque tienen problemas de autoestima. Fantasean que son *el galán* de la película pornográfica que vieron, con un físico descomunal y que tienen a todas las chicas rendidas a sus pies. En su «película mental» se sienten importantes. Por un rato se escapan de su realidad, pero enseguida vuelven a caer en la angustia que les provoca la falta de valorización personal.

Nos trae problemas de casados

Muchas personas casadas encuentran más fácil y más placentero masturbarse que tener relaciones sexuales con su cónyuge. Las relaciones sexuales requieren tiempo y ajustes y no todos están dispuestos a hacer su parte. Hacen «la cómoda», «la fácil». En la masturbación uno tiene el control, pero tener relaciones implica perder ese control y entregarse. En este sentido, masturbarse lleva a la pasividad sexual en el matrimonio, y esta, al adulterio. Si no hago el amor con mi esposa porque prefiero masturbarme, no solo estoy adulterando en mi mente (con las mujeres con las tengo fantasías al tocarme), sino que también la estoy empujando a ella al adulterio. Por otra parte, lo que empieza por mi mente es muy probable que termine haciéndose realidad. De la fantasía al hecho hay solo un pasito de distancia.

Quizás alguien pregunte *«¿y qué hago con mi libido?»*, *«¿qué hago con todo mi impulso sexual?»* El problema es que nos han hecho creer que si no nos masturbamos entonces «vamos a reventar». ¡Eso es una gran mentira! ¡Es posible vivir sin masturbarse! Pero que quede bien claro: la masturbación no se vence teniendo un esposo o una esposa que reemplace el hábito.

• Promiscuidad y deseos homosexuales

Aunque su pareja sea del sexo opuesto, muchísimos chicos y chicas luchan con deseos homosexuales. Con frecuencia nos enteramos de personas casadas, y con hijos, que de la noche a la mañana decidieron abandonar a su familia para iniciar una relación homosexual. Seguramente ya tenían la tendencia cuando estaban de novios; desde entonces se sentían atraídos por personas del mismo sexo, pero minimizaban el problema bajo el siguiente argumento: *«el día en que me case esto se va a acabar»*. Pero no se acabó.

Ya sea que estés luchando con problemas de infidelidad, de homosexualidad o ambos a la vez, es fundamental que busques ayuda y seas sanado/a en esta área de tu vida *antes* de seguir adelante con el noviazgo. Recuerda que el matrimonio no va a solucionar mágicamente estas tendencias.

Jesús dijo: *«Ciertamente les aseguro que todo el que peca es esclavo del pecado… si el Hijo los libera, serán ustedes verdaderamente libres»* (Juan 8:34-36). La esclavitud de hábitos pecaminosos no se vence únicamente con fuerza de voluntad. Nuestra determinación es importante. Pero la única manera de ser *verdaderamente* libres es rendirnos por completo a Jesús, el gran libertador, conocerlo personalmente y permitir que sea él quien nos libere. Generalmente esa libertad es resultado de un proceso, no ocurre automáticamente de la noche a la mañana, demanda tiempo y la ayuda de personas que nos guíen en ese proceso sanador. ¡No te conformes con menos que con la libertad total que Jesús vino a darnos! Y no esperes que el casamiento solucione todos tus problemas sexuales. Tu cónyuge no puede liberarte. ¡Solo Jesús puede hacerlo!

Preguntas para analizar:

¿Estoy luchando con hábitos sexuales que me esclavizan? ¿Cuáles?

¿Me da vergüenza hablar de estos temas con mi pareja? ¿Por qué?

¿Qué estoy haciendo para ser libre de estas ataduras sexuales? ¿Entiendo que estas ataduras destruyen mi vida y mi relación de pareja?

Desafío:

El desafío de hoy requiere una buena cuota de valentía. Hoy es el día en que debes vencer toda vergüenza, y decidir hablar con alguien acerca de tu sexualidad. Tienes que disponerte. Recuerda que *confesar* es el principio de la victoria sobre cualquier pecado en tu vida. Habla con tu consejero o líder. Si como pareja ya gozan de buena confianza, también va a ser positivo que se lo cuentes a él / ella y que, lejos de juzgarte o celarte por ese problema, tu pareja te ayude en el proceso de libertad. ¡Nadie está de novio/a con una persona perfecta! Debes asumir que tu pareja tiene áreas de debilidad, sea en lo sexual o en cualquier otra área de su vida, y Dios te puso a su lado, entre otras cosas, para ayudarla/o a vencer esas debilidades. El sexo no tiene que ser un tema tabú en tu noviazgo. Con confianza y amor tienen que hablar de estas cosas, y crecer en su libertad.

SEMANA 3: CRISIS

Todas las parejas atraviesan tiempos de crisis, pues, por si no te diste cuenta, los seres humanos somos problemáticos. El mundo es conflictivo. Por eso, no deberíamos ver las crisis como algo raro. Las crisis son normales y necesarias. ¿Cómo enfrentar con éxito las crisis de noviazgo? ¿Cómo transformar los problemas de pareja en escalones para nuestro crecimiento? Esta semana responderemos estas preguntas. Solo una advertencia antes de empezar: a menos que estés dispuesto a cambiar, no sirve de mucho que leas los siguientes siete puntos porque, lo que transforma las crisis en bendiciones, es el *cambio*. Alrededor de esto gira todo lo que hablaremos esta semana.

15: De diferentes a combinados

Dicen que pan con pan es comida de sonsos. Y es absolutamente cierto. Jamás acompañarías una rodaja de pan con otra rodaja de pan. Sería aburrido, insípido. Ocurre que en este proverbio se esconde una gran verdad: solo hay gracia en la combinación de elementos diferentes. Los mejores chefs lo saben bien. Ellos se destacan por su capacidad para lograr estas extrañas mezclas culinarias. El jamón y el melón, el roquefort y el apio, el vino borgoña y la pera. ¡Allí sí hay sabor! Las diferencias químicas que dan la singularidad a cada uno de estos alimentos, los atraen, los complementan y generan una combinación perfecta de sabores. En las relaciones interpersonales pasa algo similar.

Las diferencias psíquicas, de personalidad y de carácter no deben distanciarnos, sino *complementarnos*. Quizás escuchaste esta frase: los polos opuestos se atraen. Y seguramente puedes afirmar que es cierto: tu pareja es bien distinta a ti. Si no fuera así, sería muy aburrido. Sabría insípido, como el pan con pan. Debes tomar en cuenta esto y entender que Dios te unió *a propósito* con alguien diferente. Lo hizo para que las áreas fuertes de tu pareja complementen tus áreas débiles, y viceversa.

Uno de los grandes desafíos que enfrenta la pareja es aprender a convivir con las diferencias. Estas abarcan cuestiones de gustos, patrones de carácter, hábitos, puntos de vista sobre temas variados, ritmos de vida, valores, ideologías, modales, preferencias a la hora de vestirse y muchísimas cosas más. El abanico de diferencias va desde asuntos aparentemente superficiales, como el tipo de películas que eligen cuando van al cine, hasta ítems más profundos, como el modo en que administran su dinero. Tu pareja viene de una familia diferente a la tuya, fue criada de manera distinta, tuvo otras influencias, probablemente fue a una escuela diferente y, por sobre todas las cosas, ¡es del sexo opuesto! ¿Cómo no va a haber diferencias? Si eres varón, una de las cosas más importantes que puedes aprender durante el noviazgo es que tu novia *es mujer*. Y tú, novia, debes entender que tu novio *es varón*. Pareciera tonto tener que aclarar esto, pero lo cierto es que muchos problemas de pareja se originan por olvidar este «pequeño detalle». El novio quiere que su novia piense como varón o la novia pretende que su novio actúe como mujer. ¡Pero Dios nos hizo distintos a propósito!

Veamos tres características de las diferencias:

- **Aparecen a medida que la relación avanza**

Al iniciar el noviazgo siempre parece que no hubiera diferencias. La pareja flota en una nube romántica y ese enamoramiento idílico les impide ver que no todo es perfecto, color de rosa. Pero a medida que van conociéndose, empiezan a aparecer las diferencias. Diferencias de gustos, de carácter o de hábitos. Muchas de estas diferencias disparan discusiones y, a su vez, estas discusiones habitualmente desalientan a la pareja: les hace pensar que su relación no funciona. Pero esto no debería ser así. Las sanas discusiones son buenas y necesarias. No tienen que desilusionarnos, sino ayudarnos a crecer. Para ilustrar el lado positivo de las discusiones, con Valeria usamos la imagen del engranaje de una máquina. Cuando dos piezas de un engranaje rozan, lejos de romper la máquina, encajan cada vez mejor entre sí. El roce pule las diferencias, mejora la unión y el funcionamiento de la máquina. Por eso, no tienen que desanimarse cuando discuten. En vez de decir «*esta relación no funciona*», tienen que declarar «*vamos a hacer que esta discusión nos sirva, que valga la pena*», «*esta discusión nos va a ayudar para bien, va a mejorar nuestro noviazgo»* y *«este roce va a pulir nuestras diferencias, va a producir que encajemos cada vez mejor, que funcionemos mejor como equipo».*

- **Requieren abnegación**

Las diferencias les ayudarán a bien siempre y cuando desarrollen una actitud abnegada. La palabra «abnegación» no se escucha mucho hoy en día. El diccionario de la lengua española define el verbo «abnegar» como *«la acción de renunciar voluntariamente a los propios deseos, pasiones e intereses»*, es decir, abnegación es sinónimo de *renuncia*. Es salirme de mí mismo para procurar un bien ajeno a mis propios intereses. Debes ser capaz de decir: *«no importa lo que a mí me gusta, no importa mi manera de hacer las cosas. Ahora estamos juntos y me dispongo a sacrificar lo que sea a fin de construir una relación feliz. Mi amor por ti es más grande que mis propios deseos, pasiones e intereses».* A menos que como pareja tengan esta actitud flexible, va a ser muy difícil que puedan salvar sus diferencias y complementarse mutuamente.

- **Cuando se combinan producen sinergia**

Sinergia es otra palabra maravillosa. El diccionario de la Real Academia Española define este término como *«Cooperación. Acción de dos o más causas cuyo efecto es superior a la suma de los efectos individuales».* Es un vocablo que proviene del ámbito de la física. Está comprobado que si yo puedo levantar una carga máxima de 70 kg., y tú una carga máxima de 70 kg., entonces juntos podemos levantar mucho más de 140 kg. Nuestras fuerzas unidas no se suman, ¡se multiplican! Juntos quizás podamos levantar 200 kg. o más. Ese es el poder de la sinergia. Cuando en el noviazgo somos capaces de combinar nuestras diferencias adecuadamente, entonces se desata esta fuerza poderosísima. Las fortalezas de tu pareja compensan tus debilidades, tus puntos fuertes compensan sus puntos débiles y en esa combinación y compensación van a entender que Dios los hizo distintos y los unió a propósito. Lo hizo para que funcionen como un equipo y desaten el poder de la sinergia.

Jesús dijo *«...que sean uno, así como nosotros somos uno»* (Juan 17:22). Dios es el ejemplo perfecto de unidad en la diversidad. Él es uno y tres al mismo tiempo: Padre, Hijo y Espíritu Santo y, así como él es unidad compleja, todas las cosas por él creadas también conforman unidades complejas. Son unidades compuestas por varios elementos distintos entre sí. Nuestro cuerpo es una unidad, pero una unidad compleja. Tenemos cabeza, tronco y extremidades. A su vez, cada una de estas partes, contiene subpartes integradas por fracciones más pequeñas que están compuestas por otras todavía más diminutas y así sucesivamente hasta llegar al átomo. Pero aún el átomo, que pensamos que es la unidad mínima e irreducible, también está compuesto por subpartes: protones, electrones y otros elementos microscópicos que los científicos han descubierto. Esto es así ya que Dios no nos creó para vivir aislados, sino unidos. ¡Somos unidades compuestas! Y el matrimonio es una de las expresiones más claras de esta realidad. Así como la trinidad convive en perfecta armonía y es una en la diversidad, Jesús oró para que nosotros también seamos uno a pesar de las cosas que nos diferencian. ¡Gracias a Dios por nuestras diferencias! Lejos de distanciarnos, nos complementan y desatan el poder de la sinergia.

Preguntas para analizar:

¿Cuáles son nuestras principales diferencias? ¿Vemos esas diferencias como algo que nos complementa o como algo que nos distancia?

¿Procuramos que las discusiones nos sirvan para bien?

¿Qué áreas de nuestra relación demandan mayor abnegación en mí? ¿Qué renuncias tengo que hacer para que nuestra relación funcione cada día mejor?

Desafío:

Piensa en alguna diferencia concreta que tengas con tu pareja (puede ser una cuestión de gustos o de hábitos) y en un acto de renuncia que puedas realizar para salvar esa diferencia. Quizás tengas que dejar de lado algún gusto personal o esforzarte por cambiar eso que a tu pareja tanto le molesta. Comprométanse también a hacer que cada discusión les sirva para crecer. Díganle a Dios: «*Señor, creemos que a los que te aman todas las cosas les ayudan a bien (Romanos 8:28) y declaramos que cada pelea o roce que tengamos nos va a ayudar a pulir nuestras diferencias y producirá que funcionemos cada vez mejor como equipo».*

16: De singular a plural

Creo que esta es una excelente definición del matrimonio: «*El matrimonio es una vida 100% compartida*». Es darse totalmente y exclusivamente al otro. ¡Por eso tantos jóvenes rehúsan casarse! Sencillamente, les cuesta compartir su vida. Si se involucran con alguien es solo para pasar un buen rato y punto. No les hablen de compromiso ni de compartir un proyecto con otra persona. Pensar en el matrimonio desestabiliza por completo su vida «bajo control». Ignoran que el matrimonio es la herramienta más efectiva que ideó Dios para quebrar nuestro ego y librarnos así de la peor de las cárceles: el individualismo.

En realidad ¡nadie quiere estar solo! La vida es materia compartida. Sin embargo, es común que nos cueste dejar de pensar en singular. Cuando éramos chicos luchábamos a la hora de compartir nuestros juguetes con un amiguito. Hemos crecido, pero seguimos lidiando con la misma lucha interior. Es la lucha con nuestro «*yo*». Queremos tener el control todo el tiempo. Queremos hacer lo que nos gusta. Queremos hacer todo a nuestra manera. Queremos que todos vean la vida como nosotros la vemos. Queremos tener la razón. Queremos ganar a toda costa. ¡Y nos vamos quedando solos cuando, en el fondo, es lo último que queremos!

El noviazgo es la etapa en la que tenemos que empezar a hacer este cambio. Es la etapa para pasar del *yo* al *nosotros*. Todos tenemos un *switcher* interno que tiende a trabarse en la posición «singular». Pero si en verdad quieres ser feliz junto a tu pareja, debes cambiar tu *switcher* al «plural». Hay dos trabas que sí o sí vas a tener que superar:

- **Egoísmo**
Ser egoísta es ser avaro. La palabra «avaricia» suele asociarse a

la obsesión por tener, pero en realidad su significado trasciende lo referido al dinero. La avaricia nace de una actitud posesiva. Es el deseo de poseer, sea dinero, poder, prestigio o ¡una persona! Muchas personas *quieren* a su pareja pero no la *aman*, pero hay una gran diferencia entre *querer* a alguien y *amar* a alguien. Cuando *quiero* a mi pareja, en el fondo, *la quiero para mí*, la quiero porque me gusta, porque me hace feliz, porque me satisface o porque me soluciona un problema. Hay chicos que al ponerse de novios lucen a su pareja como si fuera un trofeo de caza. Orgullosos dicen *«me la gané»* o *«la conquisté»*. El estar de novios los hace sentirse importantes y el centro son ellos. Lo que en realidad les importa no es su pareja, sino lo que su pareja les hace sentir. Por el contrario, cuando amo a alguien, el centro es el otro. Lo que en verdad importa es mi pareja, más allá de lo que yo sienta o deje de sentir. Por eso, si deseas construir un proyecto de vida compartido, resulta esencial que te salgas de ti mismo/a y aprendas a amar en serio. Necesitas morir a tu egoísmo, dejar de lado la avaricia y poner a tu pareja en primer lugar.

- **Heridas sin cerrar**

Las heridas del pasado sin sanar llevan a las personas a encerrarse en sí mismas impidiéndoles pensar en plural. Si sufriste rechazo, abandono o traición de un ser querido, seguramente te va a costar mucho confiar en alguien y compartirle el 100% de tu vida. De algún modo, levantaste una coraza protectora alrededor de tu corazón y dijiste *«nunca más me van a lastimar»*. Estás en pareja, pero la relación es distante y desconfiada. Estás siempre a la defensiva, reaccionando mal o pensando en romper la relación cada vez que discuten. Quizás seas muy celoso/a, por miedo a que te vuelvan a traicionar o a abandonar. Si ese es tu caso, resulta urgente que sanes tu corazón para que entonces puedas hacer el cambio del singular al plural. ¡No vivas más encerrado en esa cárcel de temor y rechazo! Dejar de lado el egoísmo no es fácil. Quebrantar nuestro «yo» implica confrontar esas heridas profundas del corazón, lidiar con el temor al rechazo, con el temor al abandono, con la inseguridad y con el querer estar siempre en control de todo. Pero, por doloroso que sea el proceso de sanidad, si de verdad quieres que la relación prospere, es fundamental que cierres esas heridas. No hay manera de entablar una relación sana y feliz si tu corazón permanece herido.

A veces no nos damos cuenta de todas las cosas enfermizas que llevamos adentro hasta que nos ponemos de novios. Al entablar una relación de amor profundo, en la que resulta indispensable morir al «yo», nos topamos con el *«monstruo»* que llevábamos adentro. En el nivel de la amistad no hacía falta *«matar al monstruo»*, pero ahora estamos en otro nivel. Ya no se trata simplemente de *querer* a la otra persona, sino de *amarla*, ¡Y en este nivel no queda otra que morir! Estoy seguro que Dios usará a tu pareja para sanar tu corazón y, a través de él/ella, te enseñará a amar de verdad. También pondrá otras personas en tu camino para ayudarte en el proceso de sanidad: amigos, un líder, un consejero o un pastor. ¡Toma la iniciativa y pide ayuda!

Jesús dijo: *«el que procure ganar su vida, la perderá; y el que la pierda, la ganará»* (Lucas 17:33) Nuestra tendencia natural es querer ganar y pelear por lo nuestro. Está bien que lo hagamos, todos queremos ser felices. Pero parece que en el Reino de Dios las cosas funcionan al revés. Según Jesús, somos felices cuando estamos del lado de los dadores. ¡Somos felices cuando dejamos de pensar desde el *yo* y empezamos a pensar desde el *nosotros*!

Preguntas para analizar:

¿En qué nivel de confianza se encuentra nuestro noviazgo? ¿Vivo reaccionando egoístamente cada vez que discutimos?

¿*Quiero* o *amo* a mi pareja? ¿Qué actitudes egoístas debería cambiar para mostrarle que realmente la/lo amo?

¿Qué heridas de mi pasado me impiden confiar en mi pareja? ¿Con quién puedo hablar para sanar estas heridas?

Desafío:

Piensa en algo que a tu pareja le gusta hacer pero a ti no. Quizás sea salir a algún lugar, ir al teatro, a la cancha, a pasear a un sitio especial, a comer cierto tipo de comida, a ver ropa o a ver autos. Invita a tu pareja a compartir esa salida que a ti no te gusta pero a él/ella sí, diciendo: *«voy a disfrutar de la salida porque sé que a ti te gusta»*.

17: De independientes a interdependientes

Ayer vimos que el noviazgo es la etapa en que debemos cambiar nuestro *switcher* mental del singular al plural. Es un tiempo de transición que nos debe servir para pasar del *yo* al *nosotros*. Para que eso ocurra, tarde o temprano tendremos que dejar atrás nuestro sentido de independencia.

Recuerdo que cuando me puse de novio con Valeria varios de mis amigos me dijeron cosas como *«perdiste tu libertad»*, *«prepárate para la esclavitud»*, *«ahora estás a su merced»* o peor aún *«te perdimos»*. Lo cierto es que mucho de lo que mis amigos me decían era cierto. De algún modo, al ponerme de novio dejé de ser dueño de mi tiempo y de mis preferencias. Antes de estar de novio, si no me bañaba, o si usaba ropa sucia, el único perjudicado era yo. Pero ahora estaba Valeria en el medio. Si quería que nuestra relación sobreviviera, tenía que empezar a vestirme de un modo que a ella le agradara. Ya no podía decir *«si a mí me gusta, ¿qué importa lo que opinen los demás?»*. Tuve que sacrificar gran parte de mis gustos y cambiar muchos de mis hábitos en beneficio de nuestro proyecto de vida juntos. Por su parte, ella también tuvo que cambiar muchas cosas. Aún cosas que, en sí mismas, no tenían nada de malo, pero que no le hacían bien a la relación.

Quizás tengas la rutina de ir al gimnasio todos los días por la noche. Y es algo excelente. Lo disfrutas y aparte te hace bien físicamente. Pero ahora estás de novio y el único momento que tienen para verse con tu pareja es por las noches. Esta es la oportunidad ideal para demostrarle a tu novia que tu amor por ella es más grande que tu pasión por el gimnasio. No es necesario que abandones la actividad física por completo. Allí entra en juego la generosidad de ella. Una novia posesiva y manipuladora diría: *«si realmente me amas, deja el gimnasio»*. Una novia madura diría *«ve al gimnasio todos los días menos los lunes, miércoles y sábados, que son los días que podemos estar juntos. ¡Aparte me gusta verte en forma!»*.

Eso es interdependencia: una relación en la que ambos sacrifican preferencias y hábitos personales, sean malos o buenos, con el fin de construir un vínculo cada vez más fuerte. Ninguno lo hace por obligación, forzado o manipulado por su pareja. Cambian por voluntad propia, movidos por el amor. Actitudes tales como *«a mí nadie me dice lo que tengo que hacer»*, *«yo soy dueño de mi tiempo y decisiones»*, *«si no le gusta lo que hago que se vaya con otra»* o *«yo soy así, si realmente me ama que me ame tal como soy»*, son garantía de una pronta ruptura.

¿Y qué pasa cuando en vez de interdependencia hay dependencia? Esto también es muy común. Puede ocurrir que uno siempre termina cediendo ante la personalidad dominante y manipuladora del otro que lo «esclaviza». No lo hace conscientemente, pero en el fondo hay un deseo de dominar a su pareja. Por su lado, el dominado asume una actitud pasiva, de sacrificio en beneficio de la relación, pero por dentro va acumulando frustración y, tarde o temprano, estalla. Algunas novias le exigen a sus novios que abandonen todo su círculo de amigos y arman escenas de histeria y celos si sus novios salen con ellos (aún a hacer algo normal y sano como jugar al fútbol). Hay novios que llegan a demandarles caprichosamente a sus novias que abandonen sus estudios en la facultad para estar más tiempo con ellos. En este caso, hay un independiente, el dominador, y un dependiente, el dominado. De más está decir que este tipo de relación termina rompiéndose, y mal. Una vez más resulta fundamental, en caso de darse esta situación, sanar las heridas del pasado que generan el comportamiento dominador o de sometimiento pasivo.

Jesús le dijo a Pedro: *«… cuando eras más joven te vestías tú mismo e ibas a donde querías, pero cuando seas viejo, extenderás las manos y otro te vestirá y te llevará a donde no quieras ir»* (Juan 21:18) Con estas palabras Jesús le anticipaba a Pedro su muerte como mártir. Pero ellas también encierran un principio espiritual muy importante: dejarse llevar por otro no es un signo de debilidad, sino de madurez. De jóvenes luchamos por nuestra independencia (por vestirnos y hacer lo que queremos, como Pedro). Pero con el correr de los años nos damos cuenta que no fuimos creados para la independencia, sino para la interdependencia. Habrá personas que te lleven a lugares donde no quieres ir. Y una de esas personas es tu pareja. ¡Es hora de que empieces a pensar en esto!

Preguntas para analizar:

¿Qué hábitos personales tuve que cambiar desde que estoy de novio/a? ¿Cuáles me falta cambiar todavía?

¿Qué es lo que mi pareja me reclama constantemente?

¿Le estoy pidiendo a mi pareja que haga sacrificios en beneficio de la relación, pero yo no los estoy haciendo?

Desafío:

Piensa en algo que tu pareja te reclama permanentemente que cambies. Puede ser un hábito, una conducta, tu forma de hablar, algo referido a tu manera de vestir o a tu manera de relacionarte con los demás. Aún puede ser algo bueno, pero que no está haciéndole bien a la relación. Dile a tu pareja que tomaste la decisión de cambiar en esa área y que te comprometes a construir un vínculo de interdependencia.

18: De enamoramiento a amor

¡Qué hermoso es estar enamorados!

Los dibujantes han intentado plasmar la mágica sensación del enamoramiento en cientos de imágenes. Han usado mariposas en el estómago, ojos perdidos, pies flotando sobre las nubes, caras entontecidas y corazones flechados. En oportunidades los íconos del amor se tiñen de un rojo intenso, o danzan al calor de un fuego abrasador. El enamoramiento es una fuerza tan poderosa que a veces llega a enfermarnos. Gabriel García Márquez diría que los síntomas del amor son semejantes a los del cólera.[2] Todos hemos experimentado esta sensación. Tu noviazgo (a menos que estén juntos por obligación o conveniencia) es el resultado de esta fuerza increíble llamada enamoramiento.

Ahora bien, para que una relación de noviazgo se consolide y derive en un proyecto de matrimonio, resulta vital que el enamoramiento ceda lugar al amor. Quizás pienses «¿*acaso enamoramiento y amor no*

2   Gabriel García Márquez. «El amor en los tiempos del Cólera». Sudamericana, 1985.

son lo mismo?». La respuesta es un rotundo *no*. Son cosas totalmente diferentes. Se podría decir que el enamoramiento es solo la puerta de entrada al amor verdadero. El enamoramiento es hermoso, pero está fundado en sentimientos y en sensaciones. En este sentido, es un tanto superficial y frágil. Muchas parejas, al poco tiempo de estar de novios, dicen cosas como *«ya no nos amamos más»*, *«ya no sentimos lo mismo de antes»*, *«se apagó el fuego»* *«se fue la pasión»* o *«ya no podemos seguir juntos»*. No se dan cuenta que lo que les está pasando es algo normal y necesario. Lo que está ocurriendo es que el enamoramiento está cediéndole su lugar al amor verdadero, el amor *«a pesar de»*.

Veamos algunas diferencias entre enamoramiento y amor:

En el enamoramiento todo es perfecto. Veo a mi novio como si fuera *superman*, o a mi novia como si fuera la *mujer maravilla*. Pienso que no tiene ningún defecto y todo es color de rosa. La idealización es tan fuerte que estoy cegado, hipnotizado. Pero llega un momento en el que se rompe esa idealización, ¡Aterrizo a la realidad! Vienen las primeras peleas, los primeros desencuentros y, de a poco, cada uno va descubriendo las cosas que no le gustan del otro. Este despertar de la hipnosis, si bien es un tiempo crítico en la relación, debería ser asimilado como la oportunidad para conocerse más profundamente. Es allí donde cada uno tiene que cambiar. Si logran hacerlo, entonces entran como pareja a un nivel superior: el nivel del amor.

Este es un nivel mucho más profundo y sólido. El enamoramiento se apoyaba en mis sentimientos, pero el amor verdadero se apoya en *la decisión* de amar a mi pareja más allá de sus defectos. Ya no pienso que es *superman* o la *mujer maravilla,* pero estoy convencido que es la persona con la que quiero pasar el resto de mis días aquí en la tierra. Mi amor se hace más fuerte que cualquier imperfección que mi pareja tenga. También estoy convencido que ese amor nos irá cambiando a ambos para bien, de tal forma que nuestra relación funcione cada vez mejor y que cada vez haya menos cosas que nos desagraden del otro. Por eso, no tienen que ver la crisis del pasaje del enamoramiento al amor como algo anormal. No solo es normal: es necesaria y buena. Es el amor echando raíces. Es el amor dejando atrás la etapa del simple sentimiento. Es el amor entrando a un nivel más profundo y comprometido.

Quizás te preguntes: «*¿y entonces en el amor ya no hay más mariposas en el estómago, ni ojos perdidos, ni rojos intensos?*» ¡Claro que los hay! El amor no es una rutina mecánica y fría. Necesita de la pasión. La diferencia radica en que el verdadero amor, si bien se nutre del enamoramiento, *no depende* del enamoramiento para seguir adelante. El verdadero amor entiende que nuestros sentimientos son solo la consecuencia de nuestras decisiones y, por lo tanto, decide amar aún cuando no lo sienta. La clave para mantener encendido el fuego de la pasión en el noviazgo y luego en el matrimonio, es alimentarlo permanentemente con actos de amor, gestos de romanticismo y palabras amables. Un fuego que deja de alimentarse, tarde o temprano, se apaga. Por eso es tan importante hacer este cambio. Deja de esperar «sentir el amor» y decide amar. Simplemente, ¡ama!

Jesús dijo: «*amen a sus enemigos*» (Mateo 5:44). Si el amor fuera solo un sentimiento, lo que Jesús nos pidió es sencillamente imposible. ¡Nadie siente amar a alguien que nos lastimó! Lo que Jesús quiso decir es que tenemos que *tomar la decisión* de hacerle bien a los que nos hacen mal, aun cuando todo adentro nuestro nos mueva a hacer lo contrario. Tenemos que decidir perdonar, tenemos que decidir morir a nuestro orgullo y egoísmo, tenemos que decidir vencer esas emociones que muchas veces nos confunden e impiden que construyamos una relación sana. El noviazgo es la etapa para hacer este cambio... Es la etapa para descubrir de qué se trata el verdadero amor.

Preguntas para analizar:

¿En qué etapa se encuentra nuestro noviazgo? ¿Estamos en la etapa del enamoramiento o ya pasamos a la etapa del amor?

¿Estamos aprendiendo a conocernos más y a crecer por medio de las peleas y desencuentros que tenemos? ¿Nuestras peleas fortalecen o debilitan la relación?

¿Qué estamos haciendo para mantener viva la llama del enamoramiento?

Desafío:

Piensa en algún gesto romántico simple, algo como una palabra, carta o regalo que a tu pareja le guste. Sin esperar sentirlo, decide compartir con tu pareja ese gesto o regalo hoy. Dile que más allá de tus sentimientos, tomaste la decisión de amarlo/a y que vas a esforzarte por mantener siempre viva la llama del enamoramiento.

19. De crisis a cambio

El pasaje del enamoramiento al amor es siempre una etapa crítica del noviazgo. Es el tiempo en el que la pareja debe decidir seguir adelante más allá de sus sentimientos. [3]Pero, desgraciadamente, algunas parejas no logran hacerlo. Piensan *«se apagó el amor»* y, de manera apresurada, cortan la relación. La culpa no es de ninguno de los dos en particular. Se separan simplemente porque no pueden manejar la crisis. La crisis los aplasta. Ignoran lo que una vez dijera el gran físico Albert Einstein:

«La crisis es la mejor bendición que puede sucederle a personas y países porque la crisis trae progresos. Quien supera la crisis se supera a sí mismo sin quedar 'superado'... El inconveniente de las personas es la pereza para encontrar las salidas y soluciones. Sin crisis no hay desafíos, sin desafíos la vida es una rutina, una lenta agonía. Sin crisis no hay méritos. Es en la crisis donde aflora lo mejor de cada uno...»

Las crisis de pareja son normales, buenas y necesarias. Las hubo, las hay y las habrá siempre. Forman parte de nuestra naturaleza humana. Hoy el problema es el pasaje del enamoramiento al amor, mañana es la crisis de dejar el hogar, pasado mañana las primeras crisis matrimoniales, más adelante la crisis de la llegada de los hijos y, ya de grandes, la crisis del nido vacío (cuando los hijos se van

---

3   Afirmación de Albert Einstein tomado de http://www.luigix.com La crisis según Albert Einstein

de casa). ¡Siempre va a haber crisis! El problema es que la gente ve las crisis como algo malo cuando, en realidad, son algo bueno. Las crisis no vienen para destruirnos sino para fortalecernos, para mejorarnos. Como decía Einstein, son la mejor bendición que puede sucederle a las personas, porque las crisis traen progresos. ¡Las crisis son la mejor bendición que puede sucederle a las parejas! Lo que destruye a una pareja no es la crisis, sino la incapacidad de manejarla y de capitalizarla positivamente. Hay parejas que salen de las crisis fortalecidas y otras que salen destruidas. Todo depende de la capacidad que tenga la pareja de aprender las lecciones, y de hacer los cambios requeridos a tiempo.

Es sabido que los chinos utilizan la misma palabra para referirse a *crisis* y para referirse a *oportunidad*. Un viejo proverbio chino afirma que en toda crisis se esconden *peligros* y *oportunidades*. Los peligros de una crisis de pareja son bien conocidos: el desaliento, la frustración, la duda, la ruptura, el rencor y la culpa. Las crisis traen confusión a nuestro mundo emocional. Producen una turbulencia interna. Muchas parejas piensan que son los únicos «extraterrestres» en este planeta a los que les toca atravesar ese problema, cuando en realidad es algo que les pasa a todos. Veo aquí tres peligros principales. El primero es victimizarnos, caer en la autocompasión, aislarnos. Otro peligro es la desilusión. Quizás la pareja tenía la fantasía de que su relación iba a ser siempre color de rosa, como en los cuentos de hadas: *«fueron felices y comieron perdices»*. Y cuando llega la primera crisis se les «pincha el globo» y aterrizan a la realidad. También está el peligro de la obstinación. Ser obstinado significa negarse a cambiar. En este sentido, toda crisis es un llamado de atención. Es algo que nos grita: *«esto está mal y tienen que cambiar»*. Pero cuando endurecemos nuestro corazón y nos negamos a cambiar, la crisis no solo se perpetúa en el tiempo sino que también se agrava. Por eso es tan importante ver en la crisis una oportunidad. Una de las lecciones más importantes que tienen que aprender es cómo atravesar con éxito sus crisis de pareja. ¡Ese aprendizaje los va a acompañar el resto de sus vidas!

Estos son los dos principios básicos que nos permiten atravesar exitosamente una crisis:

1. En las crisis necesitamos cambiar

Por esto y para esto vienen las crisis. Vienen porque hay algo que necesitamos cambiar. Vienen para advertirnos, vienen para que nos demos cuenta que no podemos seguir así. Por eso, ¡las crisis son una bendición! A través de la crisis Dios nos da la oportunidad de cambiar.

2. En las crisis necesitamos buscar ayuda

Nuestra tendencia natural ante una crisis es asumir una actitud autosuficiente y decir *«yo puedo solo con esto»*. Pero lo cierto es que rara vez podemos solos. Necesitamos buscar ayuda. Obviamente, la primera ayuda que tenemos que buscar es la de Dios. Necesitamos orar, personalmente y como pareja, y pedirle a Dios que nos cambie. Pero también es muy importante que como pareja tengan siempre un consejero, un pastor o una pareja de referentes, preferentemente un matrimonio sano y espiritualmente maduro, a quien puedan acudir para pedir consejo y que los ayude en momentos de crisis. Necesitamos alguien que nos oriente en medio de la turbulencia emocional.

Jesús dijo: *«Esta enfermedad no es para muerte sino para la gloria de Dios...»* (Juan 11:4) RVR 1960. Allí donde todos veían una crisis irremediable, Jesús veía una oportunidad para el cambio. No importa cuán mortal parezca su enfermedad afectiva, si Jesús está metido en el asunto esa crisis puede transformarse en un testimonio del poder de Dios. Puede transformarse en una historia de cambio que lleve gloria a su nombre. ¡Con él cualquier crisis puede ser superada!

Preguntas para analizar:

¿De qué manera resolvemos nuestras crisis de pareja? ¿Las crisis nos ayudan a crecer o nos destruyen?

¿Veo cambios positivos en mi vida y en la vida de mi pareja? ¿Cuáles son las cosas que más me cuesta cambiar?

¿Tenemos como pareja una persona o matrimonio a quien acudir para pedir consejo?

Desafío:

Oren como pareja y pídanle a Dios sabiduría para poder atravesar con éxito las crisis. Pídanle que los libre de la obstinación y que les de siempre un corazón dócil, dispuesto a cambiar. Si aún no lo tienen, escojan como pareja a un consejero o consejera pastoral a quien puedan acudir para pedirle consejo.

20: De duros a quebrantados

El gran secreto para la resolver cualquier problema afectivo está encerrado en una sola palabra: perdón. El perdón es la llave que destraba todo conflicto. Por eso Jesús habló tanto acerca de este tema. Lo hizo porque sabía que para que nos vaya bien en la vida (y sobre todo en el matrimonio) resulta indispensable que aprendamos a perdonar. Por si aún no te diste cuenta, no existe un solo ser humano perfecto. Esto significa que todos, en algún momento y de diferentes maneras, vamos a lastimar a nuestra pareja (y también que nuestra pareja nos va a lastimar a nosotros). Sea a través de una palabra, una actitud, o una acción, vamos a herir y a ser heridos. Conclusión: tendremos que pedir perdón y tendremos que perdonar siempre. ¡Lo vamos a hacer toda nuestra vida, hasta el último día! Por eso es tan importante que aprendan el arte del perdón ahora que están de novios.

Veamos algunas verdades importantes acerca de este tema:

1. Nos cuesta perdonar porque sentimos que es un acto injusto

Todos tenemos un sentido interno de justicia. Si fuimos heridos, nuestro instinto natural nos mueve a la venganza. Consciente o inconscientemente pensamos *«tiene que pagar por lo que me hizo»*. Cada herida es una factura a cobrar, es una deuda que el que nos hirió contrajo con nosotros. Pero perdonar significa romper esa factura, implica decir *«ya no me debes nada»*. Perdonar es renunciar a nuestro derecho a venganza. Al perdonar ya no apelamos a nuestro sentido interno de justicia, sino que abandonamos la causa en manos de Dios. Nos salimos de la posición de jueces, dejamos de lamentarnos bajo argumentos como *«no me merezco tu maltrato»*, *«¿cómo pudiste hacerme esto?»*, *«eres una basura»* o *«no eres digno de mi amor»*. Cada una de estas frases o pensamientos son juicios que lanzamos sobre la persona que nos hirió porque nos sentimos ofendidos y con el derecho de juzgarla por su error. Pero, al perdonar, nos damos cuenta que no somos mejores que el otro, que Dios es el único juez de todos. Al perdonar, apelamos a la justicia divina y dejamos que sea él quien resuelva el asunto.

2. Nos cuesta perdonar porque implica morir a nuestro orgullo

Las heridas sin cerrar endurecen nuestro corazón. Si no perdonamos, se va formando una llaga alrededor de la herida interna (como pasa con las heridas externas, en la piel). El principal obstáculo a la hora de perdonar es nuestro orgullo, nuestro ego, nuestro «yo». Hay personas a las que les gusta convivir con sus heridas. Ellas les otorgan el permanente derecho a victimizarse. Viven con una actitud autocompasiva, lamiendo sus llagas, diciéndose a sí mismos *«pobrecito yo»*, *«pobrecita yo»*. ¡Y les encanta vivir de esa manera! A otros les cuesta muchísimo perdonar porque nunca tuvieron buenos ejemplos de perdón. En su casa jamás vieron a sus papás perdonarse de verdad. Cada vez que se peleaban, pasaban días, semanas o meses sin hablarse y, cuando volvían a cruzar alguna palabra, solo había un perdón superficial. Ante una nueva pelea sacaban los viejos trapos al sol, recordando conflictos del pasado y agravando cada vez más la crisis. Iban «coleccionando» heridas. Y las personas heridas hieren a los demás.

3. Nos cuesta perdonar porque pensamos que es un sentimiento

El perdón no es un sentimiento, sino una decisión. Es imposible que el perdón sea un sentimiento ya que significa movernos en dirección contraria a lo que realmente anhelamos hacer. Cuando alguien nos lastima, lo que nos nace instintivamente es la bronca, el deseo de venganza. Nadie *siente* perdonar ni desea ser bueno con la persona que nos hirió. La gente suele decir: *«¿cómo puedo perdonar si lo que siento es justamente todo contrario?; ¡tengo ganas de matarlo!»*. Pero el sentimiento, la paz interior, siempre viene después de tomar la decisión. Es solo la consecuencia de habernos movido por encima de nuestros impulsos vengativos. El problema es que, para decidir perdonar, primero tenemos que quebrar nuestro ego. Sí o sí tendremos que ablandarnos. Sí o sí tendremos que dejar de lado nuestra actitud orgullosa. Nos cuesta mucho ser humildes, dejar de ser arrogantes. Preferimos decir *«no siento perdonarte»* y olvidar que el perdón no es un sentimiento, sino una decisión.

Jesús dijo: *«Si perdonan a otros sus ofensas, también los perdonará a ustedes su Padre celestial. Pero si no perdonan a otros sus ofensas, tampoco su Padre les perdonará a ustedes las suyas»* (Mateo 6:14) Debemos tratar a los demás como queremos que Dios nos trate a nosotros. Piensa en cuántas cosas Dios te tiene que perdonar. ¿Qué pasaría si Dios te tratara de la misma forma en la que a veces tratas a tu pareja cuando te hiere u ofende? ¡Ya estarías muerto! Si sigues con vida es solo por su paciencia, misericordia y perdón. Es hora de que hagas este gran cambio y dejes de lado todo orgullo o soberbia. Ceder no es perder sino ganar. Rendirse no es una señal de debilidad sino de fortaleza. Si quieres construir una relación que perdure en el tiempo, debes desarrollar el hábito del perdón y crecer cada día en él. Perdonar y pedir perdón es algo que tendrás que hacer por el resto de tu vida. ¡Qué bueno contar con el noviazgo para ir practicando!

Preguntas para analizar:

¿Me cuesta perdonar? ¿Suelo quedarme ofendido/a por horas o días?

¿Me gusta estar siempre en una posición de víctima? ¿Soy una persona autocompasiva?

¿Qué ejemplo tuve de mis padres en materia de perdón? ¿Fue bueno o malo?

Desafío:

Pídele a Dios que te muestre si hay rencores en tu corazón hacia tu pareja o si hay cosas sin perdonar. Si te das cuenta que sí, pídele que te ayude a hacerlo. Y en oración, sin esperar que te vengan las ganas, ora diciendo *«Perdono a... (Nombre de tu novio/a) por... (El motivo por el que tengas que perdonarlo/a»*. En caso de que tengas que pedirle perdón por algo, decide hacerlo hoy. Pídele a Dios que te ayude a incorporar el hábito del perdón a tu vida cotidiana. Si tus papás eran o son de pasar varios días sin hablarse después de una pelea, ora diciendo *«Señor, yo rompo en mi vida esa maldición familiar y decido que mi noviazgo y mi matrimonio van a ser diferentes. Me declaro una persona humilde y perdonadora, renuncio a todo orgullo y autocompasión y declaro que con mi pareja vamos a resolver los problemas rápido»*.

21: De celosos a «bien» celosos

Los celos figuran en el *top ten* de los problemas de pareja más frecuentes. Muchísimos noviazgos se rompen por celos. Sea que el novio cele a la novia o viceversa, cuando en la relación aparece la desconfianza, hay serios peligros de ruptura. Es imposible construir un vínculo sano fuera de la confianza. Para que un noviazgo funcione bien, la confianza es fundamental. Celar a una persona es sencillamente desconfiar de ella.

Hay novias que vigilan histéricamente a sus novios por temor a que él las engañe. Quieren saber dónde está, con quién hablan por teléfono o cuáles son sus contactos en facebook. Lo mismo pasa con los hombres. Hay varones controladores, manipuladores, que esclavizan a sus novias por miedo a que se vayan con otro. Obviamente una relación así no puede durar mucho. Estas son algunas de las razones que provocan los celos:

- **Personalidad insegura**

Las personas con baja autoestima suelen pensar: *«en realidad mi novio no me ama»*, *«ya va a encontrar a alguien más linda que yo»* o *«si la pierdo no voy a hallar a otra persona que me quiera»*. Les cuesta creer que el otro los ama tal cual son. Ven a las personas de su mismo sexo como potenciales competidores que, en cualquier momento, podrían «robarles» su pareja. Por eso viven ansiosos y buscando conquistar permanentemente al otro, como si no estuvieran de novios. Nunca terminan de creer que su pareja los ama.

• Engaños anteriores

A veces los celos se deben a malas experiencias en noviazgos anteriores. Los que fueron engañados por un ex novio/a suelen temer que su nueva pareja haga lo mismo. Un dicho popular afirma que «el que se quema con leche ve una vaca y llora». Y esa frase se aplica especialmente en estos casos. Por miedo a repetir la historia, el que en el pasado fue engañado se vuelve posesivo y controlador. Lo mismo ocurre cuando alguno de los dos sabe que su pareja engañó a su novio/a anterior y tiene miedo que no haya cambiado, y que vuelva a hacer lo mismo ahora.

• Egoísmo

A veces los celos nacen de un espíritu egoísta. Ya dijimos que hay una diferencia entre *querer* y *amar* a una persona. Hay gente que *quiere* a su pareja solo porque satisface sus necesidades emocionales, pero no la *ama*. Así como tienen un auto que pueden usar y controlar o un empleado al que pueden recurrir para que les resuelva un problema, también tienen una pareja que usan para no sentirse solos y apelan a la histeria y a la manipulación para mantenerla a sus órdenes. ¡Eso no es amor!

• Miedo a perder

El temor a la pérdida es una conducta patológica que se manifiesta en todas las áreas de la vida. Excede el noviazgo. Hay personas que viven con miedo a perder todo lo que tienen: su trabajo, un bien material, el tiempo, el dinero, la salud, su carrera, una oportunidad, una posición alcanzada y, en esta lista, está incluida su pareja. La posibilidad de perder a su novio/a es un gran fantasma que los atormenta y que los transforma en personas celosas.

Cualquiera sea la razón que te lleve a celar a tu pareja, es sumamente importante que erradiques los celos de tu vida lo antes posible. Los celos son como un cáncer que carcome la confianza y termina matando el noviazgo.

¿Qué hago si me doy cuenta que soy una persona celosa?

En primer lugar, es vital que identifiques las causas de tus celos y charles sobre el tema con tu consejero. Imagina el jardín de una casa en el que crecen constantemente cardos indeseables. Semana tras semana el jardinero se encarga de cortarlos a ras del piso con una tijera de podar. Pero, a los pocos días esos yuyos molestos vuelven a crecer. ¿No sería más eficaz arrancarlos de raíz? Esa sería la solución definitiva al problema. Hasta no arrancar las raíces (inseguridad, miedo a perder, egoísmo), los «yuyos» de los celos seguirán creciendo en tu vida por más que te esfuerces por cortar permanentemente sus hojas. No sirve repetirte una y otra vez *«no tengo que ser celoso/a»* y punto. La determinación te durará unos pocos días. Los celos volverán a aflorar ya que las raíces siguen vivas. Por eso, no tardes en charlar con tu consejero si los celos son tu problema. Ese consejero va a ayudarte a arrancar las raíces.

En segundo lugar es importante que aprendas a canalizar los celos positivamente. En realidad los celos no son malos. La Biblia dice que *«Dios es un Dios celoso»* (Éxodo 20:5). ¿Esto significa que Dios es inseguro, temeroso y caprichoso? ¡Claro que no! La palabra «celo» significa *«arder con un fuego intenso»*. Cuando la Biblia dice que Dios nos cela significa que él lucha incesante y ardientemente por nuestro corazón. Jamás se dará por vencido. Sus celos no nacen del egoísmo sino todo lo contrario. Son celos legítimos, nacidos de su amor por nosotros. Él nos ama y sabe bien que en ningún lugar fuera de él seremos verdaderamente felices. Por eso nos cela y nos atrae con amor a él. No lo hace desde la histeria ni la manipulación. Tampoco desde la envidia a otros «dioses» que puedan competir con él. Lo hace desde el amor y ¡Está determinado a luchar por la exclusividad de nuestro corazón! Nosotros tenemos que ser imitadores de esta clase de celo divino, es decir, tenemos que luchar legítimamente por el corazón de nuestra pareja, amándola incesantemente, conquistándola permanentemente, pero sin temor a perderla.

Jesús dijo: *«No tengan miedo; ustedes valen más que muchos gorriones»* (Lucas 12:7) Detrás de los celos siempre se esconde el temor a no valer. Hasta que entendamos que no valemos por el reconocimiento que nos den los demás, siempre lucharemos con los celos. Yo no valgo porque Valeria me ame o me deje de amar, ¡Valgo porque Dios me ama! Él es la fuente de mi valía como hombre. Es su reconocimiento y amor lo que necesito, ¡Y en Jesús ya lo tengo! Es ese amor perfecto el que me permite confiar en mi pareja, es ese amor perfecto el que me libra de toda inseguridad, es ese amor perfecto el que erradica todo miedo de mi vida. ¡Que seas lleno de ese calibre de amor!

Preguntas para analizar:

¿Me considero una persona celosa? ¿Qué opina mi pareja al respecto?

¿Tengo miedo de que mi pareja me engañe? ¿Me cuesta confiar en mi pareja?

¿Cuál es la causa de mis celos?

Desafío:

Si te das cuenta que los celos son uno de tus problemas, hoy es el día en que debes determinarte a vencerlos. Acuérdate que no alcanza con cortar las hojas superficiales de los «yuyos», hay que arrancarlos de raíz. Medita en las causas que te llevan a ser una persona celosa, y habla acerca de esto con tu consejero. Puede ser que la raíz de los celos sea la inseguridad, el miedo a perder todo lo que tienes, el haber sufrido engaños anteriores, el egoísmo u otra cosa. Ora pidiéndole perdón a Dios por tus celos y renuncia a ellos en el nombre de Jesús aceptando el valor que tienes en él. Dale gracias por lo que vales y entrégale todo temor.

SEMANA 4: COMUNICACIÓN

Esta es una semana de entrenamiento. Muchas parejas se comunican mal, no logran entenderse, se pelean por cualquier cosa, no pueden solucionar sus desacuerdos y reaccionan todo el tiempo porque, sencillamente, nadie les enseñó a comunicarse, no porque sean malas personas. O sí les enseñaron, pero mal. Si ese es tu caso, el esfuerzo requerido esta semana será doble: desaprender lo aprendido y aprender de nuevo. ¡Bendigo esta semana de descubrimientos y nuevos hábitos de comunicación!

22: De desconocidos a conocidos

Viajar por el mundo es una aventura maravillosa, más aun si estamos bien acompañados. En ese caso, lo más lindo del viaje no son los paisajes, ni los lugares visitados. Lo más hermoso es descubrir *quién es* ese compañero o esa compañera de travesía. Y descubrir en profundidad a una persona insume el tiempo de toda una vida.

Sea que apenas empieces tu noviazgo, o que ya lleves varios años junto a tu pareja, quiero advertirte que la conoces poco y nada. ¡Casi que no la conoces! Llevo más de diez años de casado con Valeria y tengo que asumir esa misma verdad: ¡casi no la conozco! Hasta el último día de mi vida seguiré descubriendo facetas de su personalidad, aprendiendo a entenderla, a satisfacerla y a interpretarla. Hasta mi último suspiro en esta tierra seguiré descifrando qué es lo que le gusta, qué es lo que la alegra, qué es lo que la entristece y qué es lo que la enfurece.

Ocurre que conocer a una *persona* no es lo mismo que conocer un *objeto* como un auto o una casa. Para conocer un auto, basta con leer el manual de instrucciones y dar un par de vueltas al volante. Con eso alcanza para saber si es confortable o si la dirección es buena. Un par de vueltas bastan para aprender cuánto combustible consume y si reacciona adecuadamente al acelerar. Para conocer una

EL PEQUEÑO MANUAL PARA NOVIOS

casa alcanza con recorrerla tres o cuatro veces, investigar un poco cómo fue construida, prestar atención a los detalles y listo. ¡Pero un ser humano no es una casa ni un auto! El universo psíquico – emocional que hay adentro de una persona no puede conocerse dando un par de vueltitas. Se requiere de toda una vida para adentrar ese cosmos misterioso.

Aunque parezca extraño, muchas parejas no se conocen. Aún parejas que llevan diez, veinte o más años juntas. A pesar del largo tiempo de convivencia, son dos completos desconocidos. Nunca lograron penetrar el mundo interior del otro ni desarrollar una profunda confianza mutua. Son esposos pero no amigos. Cada uno conserva sus secretos, sus zonas «inexploradas». No hacen ningún esfuerzo por descubrir la interioridad del otro ni por mostrar su propia interioridad. Simplemente están juntos. Pero *estar* con una persona no es lo mismo que *conocer* a esa persona. Para *conocer* a mi pareja no alcanza con pasar un poco de tiempo con ella y charlar superficialmente de temas variados. Conocer a una persona requiere un esmero consciente. Así como estudiar una materia de la facultad demanda horas de estudio, investigación, atención en clase, concentración en la lectura y buena disposición para el aprendizaje, de la misma forma el «estudio» de nuestra pareja requiere nuestro mayor esfuerzo. Requiere que desarrollemos empatía, que de verdad intentemos comprender lo que al otro le pasa, ¡Tenemos que convertirnos en eruditos en nuestra pareja! ¡Tenemos que obtener un *master* o un *doctorado* en él / ella!

Quiero compartirte algunas claves para seguir creciendo en este «curso intensivo de conocimiento» que dura toda la vida:

1. Debo valorar a mi pareja como lo más importante después de Dios

Nos gusta investigar lo más que podamos sobre las cosas que de verdad nos importan. Si eres fanático del aeromodelismo, seguramente pasas mucho tiempo leyendo libros acerca del tema, visitando páginas de Internet afines o asistiendo a seminarios de capacitación. Lo mismo pasa con cualquier otros hobbies o áreas de interés: un deporte, un cantante, un equipo de fútbol, etc. ¡A veces conocemos más acerca de los gustos de nuestro ídolo musical que de los de nuestra pareja! Nuestro interés sobre una cosa demuestra que realmente nos importa. Por eso, para poder conocer en profundidad a tu pareja, primero ¡tiene que importarte! Debes valorarla como la persona más importante de tu vida, después de Dios. Sin esa valoración, va a ser difícil que te esfuerces por comprenderla.

2. Debo comprender, no necesariamente entender.

Comprender no es lo mismo que *entender*. Te confieso que hay muchas cosas en Valeria ¡que no las entiendo! Por la simple razón de que ella es mujer y yo soy varón. Mañana hablaremos en detalle acerca de esta diferencia esencial que tantas veces pasamos por alto. Pero, ¡que liberador resulta darnos cuenta que no siempre tenemos que entender a nuestra pareja! Por más que me esfuerce, hay muchas cosas en Valeria que jamás entenderé (a menos que Dios me de, por unos instantes, un cerebro femenino). Por eso el esfuerzo no debe ser por *entender,* sino por *comprender*, que es algo totalmente diferente. *Comprender* es aceptar con buena actitud las diferencias. Es reconocer esas discrepancias sin que me generen un conflicto interior. Es aceptar la manera de pensar y actuar de tu pareja, aunque no la entiendas. Significa valorar al otro y su forma de ser, aunque muchas veces no te entre en la cabeza por qué se comporta así.

3. Debo ejercitar mi paciencia

Conocer profundamente a una persona es un proceso gradual y progresivo. No ocurre instantáneamente y, en este conocimiento lento pero constante, la paciencia ocupa un rol importantísimo. La paciencia es como un elástico que se estira y nos permite comprender al otro. *Entender* es algo rígido, que se rompe ante la presión, pero *comprender* es algo flexible, que se dobla, pero no se rompe. Todas las parejas piensan y dicen cosas como *«¡es que me enloquece!»*, *«¡me saca de quicio con sus actitudes!»*, *«¡no puedo entender cómo se comporta de esa forma!»* o *«no logro darme cuenta qué es lo que tiene en la cabeza»*. En esos momentos es indispensable la paciencia. La paciencia dice: *«Aunque no logro entenderla ahora, la amo y sé que mi amor me permitirá comprenderla»* *«Aunque todavía tenemos* que hacer ajustes en esta área de nuestra relación, sé que estamos creciendo en conocimiento mutuo, y que cada día funcionaremos mejor como pareja».

Jesús le dijo a un hombre llamado Natanael, al que acababa de conocer: «*Aquí tienen a un verdadero israelita, en quién no hay falsedad*» (Juan 1:47) y él se sorprendió de que Jesús le dijera eso. Esa era la primera vez en su vida que Jesús lo veía. Su respuesta fue: «*¿de dónde me conoces?*». Jesús podía «leer» el corazón de las personas y conocerlas en profundidad con solo verlas. Este discernimiento no provenía solo de su aguda percepción espiritual, sino principalmente de su amor e interés genuino por las personas. El interés genuino siempre nos mueve a conocer. Nos impulsa a movernos más allá de la superficie y a descubrir lo que al otro le gusta, lo que le alegra y lo que le ayuda. Pídele a Jesús que te ayude a hacer este cambio. Que haga crecer tu interés por tu pareja. Que te ayude a conocerla y comprenderla cada día más, ¡Hasta el último día de tu vida!

Preguntas para analizar:

¿Qué cosas no entiendo de mi pareja? ¿Cuál es mi reacción ante esas cosas?

¿Es realmente mi pareja lo más importante después de Dios en mi vida?

¿Me cuesta ser paciente ante las cosas que no entiendo de mi pareja?

Desafío:

Haz una lista de las cosas que no entiendes de tu pareja. Pueden ser cosas que tienen que ver con su manera de pensar, con su manera de actuar ante determinadas circunstancias, con hábitos, con formas de hablar o de decir las cosas. Luego, ora con esa lista en la mano y dile a Dios que ya no pretenderás *entender* a tu pareja, sino que decides esforzarte por *comprenderla*. Pídele que te ayude a ejercitar la paciencia y que te de discernimiento para conocer su corazón en profundidad.

23. De reactivos a reflexivos

Si te pidiera que asocies la palabra «amor» con algún órgano de tu cuerpo, estoy seguro que inmediatamente te vendría a la mente la imagen de un corazón. El corazón es sinónimo de pasión, de fuego y de sentimientos intensos. Rara vez relacionamos la palabra «amor» con el cerebro. Pero, ¿sabías que el amor piensa?

Uno de los hábitos que Dios quiere consolidar en tu noviazgo es *la reflexión*. Si en verdad deseas comprender a tu pareja, es vital que te conviertas en una persona reflexiva. Frente a las cosas que no entendemos generalmente reaccionamos, y mal: *«¡No te entiendo!»*, *«¿Por qué actúas siempre de esa forma?»* o *«¿Qué tienes en la cabeza?»*. Estas son frases reactivas. Pasan derecho de nuestras entrañas a la boca sin atravesar el filtro de la mente. Si eres de reaccionar de esta forma, impulsivamente y sin medir tus palabras, debes entender que para disfrutar de una relación sana necesitas, sí o sí, hacer primero este cambio y cultivar el «arte» de la reflexión.

Es importantísimo que como novio comprendas y consideres que tu novia *es mujer* y viceversa. Novia, tienes que comprender y considerar que tu novio *es hombre*. ¡Son diferentes, ven las cosas de manera diferente! ¡Piensan diferente! Dios los hizo distintos a propósito, no para que se peleen, sino para que se complementen. La mayoría de los conflictos de pareja se solucionarían fácilmente si tan solo entendiéramos esta verdad. Es una verdad obvia, elemental, pero que muchas veces pasamos por alto. El cerebro masculino y el femenino son distintos, funcionan de manera distinta. Estas son algunas de las diferencias más importantes:

- **El hombre tiende a pensar y a comunicarse en forma concreta. La mujer tiende a pensar intuitivamente, y a insinuar**

La mujer da por sentado que el hombre entiende intuitivamente las cosas. Por eso una de sus frases recurrentes es: *«¿No te das cuenta?»* A lo que el hombre responde simplemente *«No»*. ¡El hombre no se da cuenta! Para que un hombre haga lo que su novia le pide, ella tiene que pedírselo varias veces, no alcanza con una sola vez. En este sentido, la mujer debe ser paciente y entender que si su novio no reacciona inmediatamente a sus pedidos no es un problema de negligencia o de mala voluntad. No es un mal hombre, es simplemente ¡un hombre!

- **El hombre tiende a concentrase en una sola cosa a la vez. La mujer puede pensar y hacer varias cosas al mismo tiempo**

El cerebro del hombre está compuesto por pequeñas cajas individuales, independientes una de la otra. Tenemos una caja para el trabajo, una para los amigos, una para los estudios, una para la familia, una para el deporte, una para algún hobby y ¡una para el noviazgo! ¡Y las cajas no se tocan entre sí! Si estamos concentrados en un tema, va a ser muy difícil que podamos pensar en otra cosa como si nada. Estamos enfocados y nos cuesta «abrir otra caja». Para pasar a otro tema necesitamos primero cerrar y guardar la caja mental que teníamos abierta, sacar y abrir la otra caja y, entonces, sí concentrarnos en el nuevo asunto. Pero el cerebro de las mujeres no funciona de esta forma. El cerebro femenino es como una gran maraña de cables interconectados entre sí. ¡Y todo está conectado con todo! Las mujeres pueden saltar fácilmente de un asunto a otro y hacer varias cosas al mismo tiempo. Sus mentes son como una gran autopista emocional. Por eso tienen mayor retención en sus memorias y recuerdan cosas que los hombres por lo general olvidan.

- **El hombre tiende a enfocarse en los logros. La mujer tiende a enfocarse en las relaciones**

El hombre quiere acción, aventura, conquistar cosas, lograr objetivos, ganar competencias y matar enemigos. La mujer quiere ser rescatada del castillo por su príncipe azul, tener hijos y ser felices para siempre. Basta con observar a qué juegan los niños y a qué las niñas para darse cuenta de esta diferencia esencial. La traemos desde la cuna. No es casualidad que con tu novio/a suelan pelearse a la hora de elegir una película para ir a ver juntos al cine. Si eres mujer es probable que te inclines por una romántica y si eres hombre seguramente vas a querer ver disparos y persecuciones. Por eso las películas que logran combinar romanticismo con acción suelen ser las más taquilleras; apuntan a ambos públicos, el masculino y el femenino. La necesidad esencial del corazón del varón es el respeto. El hombre busca ser respetado, reconocido y admirado. Por eso su enfoque está en los logros. La necesidad esencial del corazón de la mujer es la elección. La mujer busca ser elegida, que la escojan a ella de entre el montón. Necesita sentirse valorada por quién es, no tanto por sus logros. Por eso se enfoca más en las relaciones.

- **El hombre tiende a ser impaciente. La mujer necesita más tiempo para todo**

La mujer necesita más tiempo. En la comunicación, en las relaciones sexuales, en todo. Muchos hombres se enojan con su novia porque ella no les habla tras haberse disgustado por algún motivo. Discutieron y, terminada la pelea, ella se queda muda. No hay nada que perturbe más a un hombre que el silencio de su pareja. Él quiere resolver el asunto lo antes posible y seguir adelante con su vida. Anima a su novia a hablar y a expresarse. Pero ella no dice nada, cosa que lo hace enojar aún más. Entonces la increpa alterado: «*¿Qué te pasa?*», «*¿Por qué no quieres hablar?*», «*Vamos a resolver este asunto*», «*Dime lo que sientes*», «*¡Háblame, decime algo…!*». Mientras tanto ella permanece completamente hermética y, a medida que su novio le grita, ella se cierra cada vez más. Esta escena se repite una y otra vez en cientos de parejas. ¿Por qué? Porque la mujer necesita más tiempo para procesar sus emociones. Por eso se retrae y no quiere hablar. Por su parte el hombre tiende a querer resolver los problemas rápido. Quiere sacarse la bronca de encima y avanzar al próximo ítem de su lista de tareas. Y se impacienta. Por eso es muy importante que ambos aprendan a comprender los tiempos emocionales del otro. Que la mujer se esfuerce por salir de su encierro lo antes posible y que el hombre se esfuerce por ser paciente y no atosigar a su novia con cientos de palabras.

- **El hombre tiende a soltar. La mujer tiende a retener**

Esta es otra de las razones que explica las peleas frecuentes en el noviazgo. La mujer está diseñada para retener: alberga su bebé durante el embarazo, se enfoca hacia adentro construyendo su nido (hogar), guarda objetos viejos y sobras de comida en la heladera, retiene sentimientos, se acuerda fácilmente de las cosas, pregunta hasta el cansancio tratando de entender y ser entendida. La gran necesidad de la mujer es sentirse necesitada y, en esa búsqueda, retiene. Acapara todo el trabajo doméstico mientras piensa: *«en esta casa tengo que hacer todo yo»*, *«nadie lo va a hacer mejor que yo»*. Se queja de sus muchos quehaceres, pero en el fondo le gusta atenderlos, ya que su gran necesidad como mujer es sentirse necesitada. Por su parte el hombre está diseñado para soltar: vive y olvida fácilmente, se enfoca hacia afuera, suelta más fácilmente sus sentimientos, es más competitivo, es más inconstante, lo movilizan los objetivos. La gran necesidad del varón es sentirse admirado y, en su búsqueda, suelta.

- **El hombre tiende a ser visual. La mujer tiende a ser auditiva y sensitiva**

Al varón las cosas le entran por los ojos, a la mujer por los oídos. El hombre se excita sexualmente al mirar una mujer. La mujer se excita sensitivamente al escuchar cosas agradables que la hagan sentirse deseada y amada. La mujer necesita que le digan *«te amo»* de manera continua. El problema de muchos matrimonios es que el marido piensa: *«ya le dije que la amo el mes pasado»,* y su conciencia está tranquila. Y cuando la esposa le pregunta *«¿me amas?»*, él le responde: *«¿acaso **no ves** que te amo?, ¿Acaso **no ves** todo el esfuerzo que hago por ti?, ¿Acaso **no ves**?»*. Para él, el amor está en las cosas tangibles y concretas, ya que el varón es visual. Pero ella simplemente necesita que le digan *«te amo»*. Las mujeres son auditivas. ¡A ellas les encantan las palabras! Los hombres suelen ver la conquista de su mujer como un objetivo cumplido. Su pensamiento es *«ya la conquisté»*, *«ya le dije que la amaba»* o *«ya le compré el ramo de flores que tanto me reclamaba»*. Tildan ese asunto y avanzan al siguiente ítem de su *chech-list*. Pero una mujer jamás es un objetivo cumplido. Una mujer necesita ser conquistada permanentemente.

Jesús dijo: «*Si ustedes aman solamente a quienes los aman, ¿qué recompensa recibirán?*» (Mateo 5:46). En otras palabras: «*Es fácil amar al que es igual a mí*», «*Es fácil amar al que piensa igual*». No hay mucho mérito en ese tipo de amor. El verdadero desafío del amor consiste en aprender a aceptar y a valorar al que es distinto. ¡Y en la categoría de *distintos* está tu pareja! Te animo a amar a tu pareja no solo con el corazón, sino también con tu mente. Aunque haya cosas que desde tu cerebro masculino o femenino te cueste entender. ¡Recuerda que no se trata de tener razón sino de tener paz!

Preguntas para analizar:

¿Estoy esforzándome inútilmente al querer que mi novio piense como mujer o que mi novia piense como hombre?

¿En qué cosas chocamos como pareja simplemente por ser del sexo opuesto?

¿Qué cosas tengo que aceptar como normales en mi pareja, por ser propias de su sexo?

Desafío:

El desafío de hoy consiste simplemente en aceptar. Hay cosas que tendrás que aceptar como normales en tu pareja. Cuando lo hagas ya no vas a decir más «*es un mal hombre*», dirás «*¡gracias Señor que es un hombre!*» Ya no vas a decir más «*es una mala mujer*», dirás «*¡gracias Señor que es una mujer!*». Habla con tu pareja y dile que aceptas que son distintos y que vas a hacer tu mejor esfuerzo por comprenderlo/a. Pídele a Dios la capacidad reflexiva para hacerlo.

24: De cuidosos a comunicados

Recuerdo cuando estudié la teoría de la comunicación en la facultad. Quizás tú también la estudiaste y te acuerdes: hay un emisor, un mensaje, un canal, un receptor, un código... Generalmente se explica esta teoría usando un cuadro, en el que aparecen todos los elementos del acto comunicacional. En el cuadro suele dibujarse una flecha, representando el mensaje, y otra flecha de retorno representando el *feedback*, la respuesta o devolución del receptor. También recuerdo que el profesor trazaba rayas estridentes en la mitad de ambas flechas. Esas rayas eran el «ruido». Eran los obstáculos o distorsiones en el mensaje, los enemigos de la comunicación. El profesor nos explicaba que «ruido» no es solo el sonido molesto que interfiere un diálogo. El ruido también incluye elementos no sonoros, como la desatención, el tono inadecuado, un código incomprensible, prejuicios en el receptor o cualquier otra cosa que altere la correcta recepción del mensaje. La enseñanza era que, para poder desarrollar una comunicación efectiva, debíamos reducir al mínimo, o eliminar por completo, esos «ruidos». Y esta lección de la facultad se aplica de manera especial a la pareja.

No quedan dudas: una de las claves para disfrutar de una relación sana es saber comunicarnos efectivamente. La mayoría de las crisis de pareja se originan por problemas comunicacionales. ¡No sabemos comunicarnos! ¡Vivimos envueltos en «ruidos»! Recibimos de nuestros papás diferentes modelos de comunicación y, lamentablemente, en muchísimos casos, estos modelos fueron precarios. Basados en lo que vimos en casa, a veces pensamos que comunicarse es solo charlar un rato sobre cualquier tema, superficialmente. Quizás nos expresamos de manera excelente, pero comunicarse implica mucho más que eso. No alcanza con saber hablar. No alcanza con ser claros en nuestra dicción y gramática. El acto comunicacional involucra elementos que tienen que ver con el mundo emocional, que trascienden las palabras. Por eso el desafío de aprender a comunicarse bien es uno de los más grandes que tienen por delante como pareja. En realidad es un aprendizaje que dura toda la vida. Sigue en el matrimonio y aún de viejitos tendrán que seguir depurando este «arte».

Existen diferentes estilos de comunicación. De acuerdo a la personalidad de cada uno y a lo que aprendieron en sus respectivos hogares, pueden establecerse distintas interacciones. Veamos algunos de los estilos más habituales:

Estilo superficial

Hay parejas a las que les cuesta hablar de cosas importantes, profundas. Tratan de no tocar ciertos temas. Sea por tabú, por falta de confianza o simplemente para evitar el dolor que conlleva hablar de eso, la pareja prefiere mantener un diálogo superficial y rutinario. El problema con este estilo de comunicación es que nunca llegan a conocerse en profundidad. Tampoco logran solucionar los problemas de fondo. Hay personas que temen abrir sus corazones y hablar de sus pensamientos más íntimos. Quizás le contaron un secreto personal a alguien en el pasado y esa persona los defraudó, no supo guardar la confidencia y propagó ese secreto a los cuatro vientos. Como consecuencia de esa decepción, esas personas hoy viven una vida hermética, tienen miedo de que los vuelvan a lastimar. Otros tienen dificultades para expresar sus sentimientos por timidez o por problemas emocionales. Por eso es tan importante que sanes tu corazón. Charlar de «bueyes perdidos» no significa comunicarse. Es bueno mantener charlas relajadas sobre temas que no importan mucho, pero esa no puede ser su única forma de comunicación. Tienen que charlar también de las cosas importantes de la vida. Esa es la única manera en la que podrán resolver sus problemas de fondo: abriendo sus corazones y dialogando en un tono amable, sin herirse.

Estilo dominante

En este estilo uno de los dos asume una posición de control y monopoliza el diálogo. Es el único o la única que habla, mientras el otro escucha. Es un monólogo más que un diálogo. No existe intercambio ni *feedback*. El «pasivo» hace que está escuchando, pero en realidad está pensando en otra cosa (la mayoría de las veces cosas como *«¡ya me tiene podrido/a!»*). Mientras tanto, el que habla también se cierra a lo que su pareja quiere decir. No tolera ninguna opinión contraria a «su verdad» y hace catarsis desahogándose con más y más argumentos y razones. El problema con este estilo de comunicación es que genera un gran desgaste en la relación y, tarde o temprano, termina destruyéndola. El receptor pasivo acumula frustración (y cosas para decir) y en algún momento explota. Por su parte el emisor dominante tampoco gana nada hablando y hablando sin parar. Siente que está hablándole a una pared y eso le genera más bronca.

Estilo empático

Este es el estilo que con esmero deben perfeccionar día a día. Empatía es la capacidad de ponernos en los zapatos de los otros, es el esfuerzo que hacemos por comprender, por meternos en su mundo emocional. Implica aprender a hablar por turnos, sin gritar ni usar palabras hirientes. Significa aprender a escuchar y a controlar la ira, evitando saltar como «leche hervida». Cuando discutes, tienes permiso para enojarte y expresar tu punto de vista sobre el asunto del que están hablando, y no solo está permitido, sino que es bueno que ocurra. El justo enojo ¡es saludable! La Biblia enseña que podemos enojarnos, pero sin pecar, sin que se ponga el sol sobre nuestro enojo (Efesios 4:26-27). Esto significa que tienes que enojarte, pero sin pasar ciertos límites. Jamás debemos gritar, insultar y, mucho menos, dar lugar a la violencia. Cuando el enojo se transforma en ira, entramos en terreno peligroso. Hablaremos en profundidad de esto más adelante.

Jesús dijo: «que tu sí sea sí y tu no sea no...» (Mateo 5:37)

¡Basta de ruidos! Basta de medias verdades, promesas fallidas, indirectas y vacilaciones. Jesús quiere que nos comuniquemos de manera franca y directa. No hay problema que no pueda solucionarse con un diálogo sincero y maduro. El noviazgo y el matrimonio son las mejores escuelas de comunicación que Dios inventó. ¡Es tiempo de aprender!

Preguntas para analizar:

¿Qué estilo de comunicación caracteriza nuestro noviazgo? ¿Qué temas evitamos conversar? ¿Por qué?

¿Hemos tenido discusiones en las que dimos lugar a la ira?

¿Qué estilo de comunicación aprendí en mi casa? ¿Cómo resolvían papá y mamá sus problemas?

Desafío:

Tómense un tiempo para hablar como pareja acerca de la forma en que se comunican. Si hay temas de los que nunca hablaron y que hace tiempo vienen evadiendo, tómense un momento para tratarlos. Vayan a un lugar tranquilo donde nadie los interrumpa. Puede ser el banco de una plaza, un café, un restaurante que propicie el diálogo calmo o cualquier otro lugar que les permita charlar de manera distendida. Hablen de sus sueños, hablen de sus temores. Si alguno es más reacio a hablar y a expresarse, tómense el tiempo necesario para que pueda abrirse y hablar de aquellas cosas que le impiden comunicarse.

25: De inexpertos a entrenados

Hoy quiero compartirte algunos consejos prácticos que te ayudarán a mejorar la comunicación con tu pareja. Te animo a que te entrenes de por vida en este «arte» llamado comunicación. Es importante que lo hagas. Nuestra capacidad de comunicarnos define en gran manera el éxito de nuestro noviazgo y matrimonio. Cuanto mejor se comuniquen, más disfrutarán su relación. Aquí vamos:

- **Aprende a escuchar**

Saber escuchar es más importante que saber hablar. Algunas tribus de América usaban lo que se conoce como «vara india». Era un simple palo que pasaba de mano en mano en sus rondas de charla. La vara otorgaba el derecho de hablar. Cuando alguien tenía la vara en su mano, todos debían guardar completo silencio. Ninguno podía decir ni una sola palabra hasta que el poseedor de la vara terminara su discurso y la pasara al siguiente en la ronda. ¡Sería bueno que en nuestros diálogos de pareja de vez en cuando usáramos una vara! O una llave, un celular, un vaso; cualquier cosa que nos ayude a respetar nuestro turno para hablar. Escuchar en profundidad implica mucho más que simplemente oír lo que el otro dice. Es un esfuerzo consciente que hacemos por comprender, por prestar atención, por ponernos en los zapatos del otro. Es reflexionar desde su punto de vista.

- **Cuenta hasta diez cuando estés enojado**

Cuando estamos enojados solemos decir tonterías ¡Y después nos cuesta muchísimo retractarnos de la estupidez que dijimos! Nunca es sabio hablar en caliente. Quizás te pasó. Estabas tan enojado... no pudiste evitar estallar... ni lo pensaste... las palabras pasaron directamente de tus entrañas a la boca y... el daño ya está hecho. Dijiste cosas hirientes como *«te odio»*, *«no te soporto más»*, *«eres una basura»* o tonterías similares que no reflejan lo que realmente piensas. Estabas hablando desde tu ira y ahora te preguntas *«¿dónde tenía mi cabeza cuando dije eso?»*. Por eso, cuando estamos enojados, lo más sabio que podemos hacer es inhalar profundamente, contar hasta diez y dejar que se enfríen esos pensamientos estúpidos que quieren filtrarse por nuestra boca transformados en palabras.

- **No juegues el juego de la adivinación**

Uno de los principales ruidos de la comunicación es el prejuicio. Prejuzgar a alguien significa juzgarlo antes de tiempo, emitir una opinión de antemano sin tener información suficiente. Seguro te pasó alguna vez: pensaste mal de alguien y después te diste cuenta que estabas equivocado. Quizás a la distancia dijiste *«es un mal humorado»* y, al conocerlo de cerca y en persona, te diste cuenta que nada que ver. Resulta que era una persona súper agradable y simpática. Eso es prejuzgar a alguien. Es emitir un juicio de valor prematuramente. Al comunicarnos con nuestra pareja es común que caigamos en esta trampa. Algunos juegan a los detectives o adivinos. Se ponen a pensar en lo que su pareja debe estar pensando y, sin ningún sustento objetivo, lanzan frases como: *«...yo sé lo que estás pensando»*, *«te conozco»*, *«dime lo que realmente piensas»*, *«ya sé lo que me vas a decir»* y cosas parecidas. Estas frases empeoran los problemas, enredan la conversación. El diálogo termina girando en vueltitas interminables, ya que cada uno habla desde su subjetividad.

- **No des vueltas ni tires indirectas**

Comunicación no es lo que uno dice sino lo que el otro entiende. Por eso es tan importante hablar sin rodeos ni indirectas. Tenemos que ser transparentes y expresar de manera clara lo que pensamos. Así vamos a evitar malos entendidos (el famoso *«yo pensé que lo que me querías decir era...»*). Ahora, ser francos y directos no significa ser hirientes. La Biblia enseña que tenemos que seguir la verdad en amor (Efesios 4:15). Es decir, tenemos que preguntarnos cómo va recibir nuestra pareja la verdad que le estamos comunicando. Quizás tu novio esté un poco pasado de peso y a ti, lógicamente, te disgustan esos kilos de más. No va ayudar mucho que le digas *«estás hecho un cerdo y no te soporto así»*. ¡Por más que sea cierto! Estás hablando la verdad, pero no desde el amor. ¡Recuerda que tenemos que ser claros pero no hirientes!

- ### Crea un entorno para la comunicación profunda

No se puede hablar de ciertos temas a las apuradas, rodeados de ruido y distracciones. Una de las claves en materia de comunicación es saber elegir el momento y el lugar oportunos para conversar de cuestiones importantes. A veces queremos resolver asuntos álgidos del noviazgo tarde a la noche, cuando estamos los dos agotados, después de un día estresante de trabajo. En oportunidades queremos hacerlo mirando televisión o arriba del autobús. Obviamente es muy probable que este tipo de charla fracase. La comunicación profunda requiere de un entorno adecuado, que propicie la tranquilidad. Vayan a un café o a un restaurante agradable y apaguen sus celulares. Caminen juntos en un parque amplio, tomen un café observando el río. Siéntense en el banco de una plaza y conversen mirándose a los ojos.

- ### Presta atención al lenguaje no verbal

Los gestos y expresiones físicas comunican más que las palabras. No puedo decir «te amo» con el ceño fruncido y los brazos cruzados. Quizás te tocó que alguien te diga *«te perdono»* con un tono de voz y una gesticulación de odio. El lenguaje no verbal es más importante que el verbal. Si realmente deseas resolver un conflicto, presta atención a tu postura física mientras discutes con tu pareja. Aprende a mirar a los ojos y que tu expresión corporal muestre humildad, no arrogancia. Muchas personas al discutir cruzan sus brazos caprichosamente, manifestando el hermetismo de sus corazones. Inconscientemente están diciendo *«yo tengo la razón y no pienso cambiar»*. Otros gesticulan con rigidez, con movimientos amenazantes y violentos. Cualquiera sea tu caso, es importante que aprendas a comunicar amor, humildad, comprensión y tolerancia con tu cuerpo.

• Di las «palabras mágicas»

Las «palabras mágicas» son *«perdóname»* y *«me equivoqué»*. Son palabras mágicas porque «mágicamente» destraban discusiones que parecían no tener fin. Lamentablemente, hay personas a las que les cuesta muchísimo decirlas porque son términos que quiebran nuestro ego, que destruyen nuestro orgullo. Pero lo cierto es que, a menos que alguno de los dos comience a ceder en medio del conflicto y diga estas palabras, las discusiones se tornarán infinitas, imposibles de resolver. ¡Alguien tiene que ceder! Ceder no es un signo de debilidad, sino de fortaleza. Humillarse es el principio de todo triunfo. Las «palabras mágicas» son la luz de esperanza al final de un largo y oscuro túnel, son las puertas de salida de un laberinto enmarañado. ¡Son las palabras que hacen que bajemos la guardia! Si deseas construir una relación sana y duradera, las «palabras mágicas», y otras similares, tienen que abundar en tu léxico. Aprende a decir:

«me voy a esforzar para no hacerlo más»
«quiero cambiar»
«te pido perdón»
«ya está, te perdono»
«tienes razón»

¡Y di estas palabras sinceramente!

• No te vayas a dormir enojado/a

Es importante que junto a tu pareja hagan un pacto: ¡jamás nos iremos a dormir enojados! Con Valeria hicimos este pacto cuando éramos novios y nos ha ayudado a lo largo de todos estos años. Aunque tengamos que quedarnos hasta tarde charlando, siempre es mejor trasnochar y acostarse en paz que dormirse con amargura en el corazón. Cuando nos acostamos con amargura, el sueño se torna difícil y, por la mañana, cuesta muchísimo más resolver el conflicto. La Biblia enseña que no tiene que ponerse el sol sobre nuestro enojo (Efesios 4:26). Esto significa que no debemos dormirnos enojados. Quizás no puedan resolver todo el problema, pero al menos se acuestan en paz. Si tuvieron una discusión por la tarde, llama por teléfono a tu novia/o antes de acostarte y dile que lo/la amas. Pídele perdón o perdónala/o. Acuerden un momento y lugar oportuno para charlar del tema al día siguiente. Pero que por teléfono quede todo bien, que puedan irse a dormir tranquilos. Cuando nos acostamos con bronca nuestra cabeza pasa toda la noche generando argumentos a nuestro favor. Nuestro orgullo «carbura» a cien por hora y nos distancia cada vez más de nuestra pareja. Por eso es importante sacarse la bronca antes de que se ponga el sol. Mañana hablaremos en detalle sobre el enojo.

Jesús dijo: «de la abundancia del corazón habla la boca» (Mateo 12:34). Nuestro principal órgano comunicacional no es la boca, sino el corazón. Si tu corazón está comprometido a amar de verdad, siempre encontrarás maneras de escuchar a tu pareja. También desarrollarás la paciencia necesaria para hablar con calma y no estallar cada vez que discuten. Podrás librarte de los prejuicios y de la imprudencia. Por eso pídele a Jesús que llene tu corazón de amor. ¡Si lo haces, tu boca corresponderá con las palabras correctas!

Preguntas para analizar:

¿Escucho a mi pareja o soy de los que hablan todo el tiempo? ¿Le presto atención cuando me habla o estoy pensando en otra cosa?

¿Suelo enojarme fácilmente y estallar? ¿Suelo tratar de adivinar lo que mi pareja está pensando?

¿Soy de dar muchas vueltas al hablar? ¿Me cuesta decir la verdad sin dañar?

Desafío:

Como pareja pónganse una puntuación en cada uno de los temas que vimos hoy. Usando una escala del 1 al 10 pregúntense: ¿qué nota nos pondríamos en la materia «capacidad de escuchar»? ¿Qué nota nos pondríamos en la materia «manejo del enojo»? ¿Qué nota nos pondríamos en la materia «prejuicio»? y así sucesivamente. Oren juntos pidiéndole a Dios que los ayude a mejorar la puntuación en cada una de estas materias.

26: De fuera de nuestras casillas a enojados

Uno de los grandes desafíos en materia de comunicación es aprender el «arte» del enojo sano. El enojo en sí no es algo malo. Dios se enoja. Jesús se enojó. Pablo dice que tenemos que enojarnos, pero sin pecar (Efesios 4:26). De hecho, el gran problema de muchas personas es que ¡nunca se enojan! En realidad sí se enojan, pero no pueden expresar sanamente ese enojo. Lo que hacen es tragarse la bronca, la guardan adentro, la van acumulando y, tarde o temprano, explotan. Por eso necesitamos aprender a canalizar adecuadamente nuestro enojo. De lo contrario viviremos destruyendo todas nuestras relaciones interpersonales. Necesitamos hacer este cambio y pasar de «fuera de nuestras casillas» a enojados. ¿Cómo hacerlo? Aquí van algunos consejos. Son diez «jamás». Te animo a que los establezcas como un vallado protector que impida que tu enojo pase a mayores. Pablo dice que cuando nos enojamos no tenemos que darle lugar al diablo (Efesios 4:27). Cuando atravesemos alguno de estos diez «jamás», el enemigo toma control de nuestro enojo y produce lo que a él más le gusta: destrucción. Por eso determina que estos diez «jamás» serán, de verdad, «jamás». Solo así podrás mantener al diablo alejado de tu noviazgo.

1. Jamás voy a agredir físicamente a mi pareja

De más está decir que una agresión física, por pequeña que sea, es el inicio del fin de cualquier relación. Si tu novio o novia te pega cuando se enoja, por favor corta con el noviazgo lo antes posible. Traspasar el límite de la agresión física es abrirle de par en par las puertas al diablo.

2. Jamás voy a romper objetos

Otra forma de violencia física es la ruptura de objetos: pegarle a la pared, estrellar un jarrón contra el piso, tirar el velador o arrojar un plato. Claro que es mejor pegarle a la pared que pegarle a tu pareja, pero de la pared a tu pareja hay solo unos metros de distancia. Muchos golpeadores se iniciaron pegándole fuerte a la mesa. Algunos dicen *«es que necesito descargar la tensión»*. Lo cierto es que si necesitas pegarle a un mueble para descargar tu tensión, eso es señal de que tu orgullo aún es demasiado grande. ¡No debes llegar a semejante punto de tensión! No hay problema ni discusión que justifique una reacción así.

3. Jamás voy a insultar a mi pareja

A veces la agresión verbal es tan dañina como la física. Insultar a alguien no es solo decirle malas palabras como *«idiota»*, *«tonta»*, *«estúpida»* o cosas peores. También es atacar su identidad. Si le digo a mi pareja *«eres una mentirosa»* (en vez de decirle *«me mentiste»*) o *«eres un rencoroso»* (en vez de decirle *«estás guardándome rencor»*), la estoy rotulando como tal. Estoy maldiciéndola. Estoy atacando su identidad. Al usar la palabra *«eres»* declaro una maldición que la afecta negativamente.

4. Jamás voy a despreciar a mi pareja

En algunos casos quizás no haya insultos ni ataques a la identidad, pero sí desprecio que se expresa más en gestos y en el tono de voz que en palabras. Hay personas que asumen una actitud arrogante; parecen superiores, cómo si no les importara lo que están discutiendo. Saben que con esa actitud aumentan el enojo de su pareja y la dañan. Esta es una forma silenciosa y sutil de agresión.

5. Jamás voy a levantar el tono de voz demasiado alto

Normalmente al enojarnos levantamos el tono de voz. No hay problema en hacerlo, ya que es una manera de desahogarnos. El problema aparece cuando el tono fuerte se transforma en gritos. Gritar es agredir. Es querer imponerme y controlar al otro.

6. Jamás voy a apelar a cuestiones del pasado

En momentos de enojo es común que nuestra memoria comience a buscar argumentos a nuestro favor: viejas peleas, viejos errores de nuestra pareja o viejos actos de bondad personal. Sacamos los viejos trapitos al sol que, lejos de mitigar el ardor, alimentan el enojo. Al tema puntual sobre el que estábamos discutiendo se le suman ahora cientos de temas no resueltos del pasado y, de esta forma, la discusión se transforma en una maraña imposible de desenredar.

7. Jamás voy a mentir

Al buscar argumentos a nuestro favor a veces inventamos, tergiversamos o agrandamos cosas. Cuando estamos enojados solemos perder la objetividad. El enojo nos ciega y nos cuesta distinguir lo que es verdad de lo que es mentira. En el afán por ganar la discusión justificamos cualquier argumento a nuestro favor, aún los falsos.

8. Jamás voy a extorsionar a mi pareja

Los que tienen una personalidad manipuladora tienden a extorsionar a su pareja cuando discuten. Dicen cosas como *«ya vas a venir a pedirme perdón, y cuando lo hagas vamos a ver si te sigo queriendo»* o *«no pienso llamarte ni dirigirte la palabra hasta que no reconozcas que estás equivocado»*.

9. Jamás voy a escaparme orgullosamente de la discusión

Muchas personas son incapaces de discutir sanamente como gente adulta y, cuando la pelea se tensa, abandonan el lugar gritando o dando un portazo. Diferente es el caso de aquellos que deciden pasar a un «cuarto intermedio», es decir, tomarse algunos minutos a solas para calmarse y pensar en frío. Esto es algo bueno cuando ambos están de acuerdo y lo hacen sin gritos ni portazos. Pero escaparse caprichosamente de una discusión nunca soluciona el problema, por el contrario, lo agrava.

10. Jamás voy a involucrar a otros en la discusión

Otra manera de escaparse de la discusión es involucrar a terceros. Hay personas que, estando en medio de la pelea, llaman por teléfono a un pariente o a un amigo para que aporte argumentos a su favor o para que aclare algún asunto. Los usan como «testigos» de la causa. Esto también, lejos de ayudar, empeora la situación.

Jesús dijo: «*Felices los que trabajan por la paz, porque serán llamados hijos de Dios*» (Mateo 5:9). Y la primera paz por la que tenemos que trabajar es nuestra propia paz, la paz de nuestro corazón. El enojo es nada menos que la alteración de esa paz interior. Ser pacificadores significa aprender a canalizar positivamente el enojo, sin que pase a mayores. Según Jesús, cuando hacemos esto, hallamos verdadera felicidad y nos comportamos como hijos de Dios. ¡Es hora de arremangarse y ponerse a trabajar! ¡Mantén al diablo alejado de tu noviazgo!

Preguntas:

¿Cuál de los diez «jamás» es el que más me cuesta?

¿De qué otras formas le doy lugar al diablo cuando me enojo?

¿Suelo tragarme el enojo y estallar violentamente después?

Desafío:

El desafío de hoy consiste en comprometerse con el decálogo de «jamases». Establézcanlo como un vallado protector que le impida al diablo entrometerse en su noviazgo. En oración menciona cada uno de los diez «jamás» diciendo: «*Señor, me comprometo a jamás agredir físicamente a mi pareja, a jamás insultarlo/a, a jamás...*», hasta acabar la lista. Cuando termines pídele a Dios que te de gracia y sabiduría para cumplir ese compromiso. Y pídele que te llene de su paz. Si te reconoces una persona violenta, decide hablar cuanto antes con tu consejero acerca de este tema. ¡Dios quiere hacerte libre!

27: De tenistas a futbolistas

Para que como pareja funcionen parejos (valga la redundancia), resulta fundamental que dejen atrás la mentalidad de *tenistas* y desarrollen una mentalidad de *futbolistas*. La principal diferencia entre el tenis y el fútbol es que el tenis es un deporte individual, mientras que el fútbol es un deporte en equipo. El tenista tiene que hacer todo solo. Pero en el futbol hay posiciones: arquero, defensores, mediocampistas, delanteros. Es un juego colectivo y la idea es que los jugadores funcionen como un equipo. Imagínate al delantero parado debajo de su arco, atajando o al defensor lanzándose frenéticamente al ataque sin dejar a nadie atrás. Lo más probable es que ese equipo pierda por goleada. Porque en un equipo hay roles y posiciones. Cada jugador tiene que ocupar su lugar dentro de la cancha y jugar para el equipo, no para sí mismo. Lo mismo pasa en la pareja.

El problema de muchas parejas es que tienen mentalidad de tenistas. Juegan para sí mismos. No saben ocupar su lugar dentro de la cancha. De hecho, hay futbolistas muy talentosos, pero sumamente individualistas, que juegan para lucirse, no para que el equipo gane. Están en un equipo pero no saben trabajar en equipo. Por eso, si aspiras a ganar el «gran partido» del matrimonio, es fundamental que hagas este cambio.

¿Cómo funcionar como un verdadero equipo?

Lo primero que tienen que hacer es descubrir las fortalezas y debilidades de cada uno. Acuérdate que Dios nos une a propósito con una persona diferente para que nos complementemos. ¡Qué bueno que en aquellas cosas en las que yo soy débil Valeria es fuerte! ¡Qué bueno que yo puedo hacer bien las cosas que a Valeria le cuesta hacer! En casa la administradora es Vale. Ella es la que tiene el talento para eso y sería un error «meter mis narices» en algo que ella hace muchísimo mejor que yo. Si intentara entrometerme, sería como el delantero que quiere jugar de defensor. ¡Que defiendan los defensores! El goleador está para hacer goles, no para defender. Por eso lo primero que tienen que hacer para funcionar como un verdadero equipo es reconocer en qué cosa es bueno cada uno y respetarse mutuamente en esas áreas de talento. Irán descubriendo varias de esas capacidades en el noviazgo ¡Y ese descubrimiento se intensifica en el matrimonio!

En segundo lugar tienen que distribuirse las tareas según esas áreas de talento. Esto es fundamental en el matrimonio, pero es bueno que vayan practicando desde ahora. ¿Quién tiene mayor paciencia para las compras? ¿Quién se da más maña con las cosas de la casa? ¿Quién es más ordenado? ¿Quién tiene mayor criterio para elegir un restaurante? Hacerse estas preguntas no significa que no puedan ir juntos al supermercado o que el hombre evada su deber de lavar los platos con la excusa *«tú los lavas mejor que yo»*. ¡No! La palabra «convivencia» significa tener que hacer muchas cosas que no me gusta hacer. A veces los delanteros tienen que bajar a defender o los defensores subir a cabecear porque las circunstancias del partido lo requieren. Allí es probada la solidaridad de los jugadores y su compromiso con el equipo. Y de la misma manera tiene que funcionar «el equipo matrimonial». La solidaridad y el compromiso ante todo.

En tercer y último lugar tienen que esforzarse para que el equipo gane. Romper nuestro individualismo significa reconocer nuestras limitaciones, reconocer que necesitamos al otro. También significa salirnos de nosotros mismos, de nuestros propios intereses, y pensar en el bien del equipo. ¿Cómo podemos organizarnos mejor? ¿Cómo podemos coordinar mejor nuestros horarios? ¿Cómo vamos a distribuirnos las tareas domésticas cuando nos casemos? ¡Alcanza con ser mínimamente solidarios! Es importantísimo que sean flexibles y desarrollen su propio «modelo solidario». No sirve que digan cosas como *«en casa la que siempre cocinaba era mi mamá»* o *«mi papá era el encargado de ir al supermercado»*. ¡Tu futura esposa no es tu mamá! ¡Tu futuro esposo no es tu papá! Ustedes van a formar un nuevo hogar, con nuevos códigos y nuevos roles. No será todo como en el hogar en el que te criaste. Ustedes tienen que escribir su propia historia familiar, transitar su propio camino, según la personalidad única que Dios les dio. ¡Son una combinación original e irrepetible!

Jesús contó la historia de un hombre que es sorprendido por unos ladrones que le roban todo lo que tenía, lo golpean y lo dejan tirado al costado de la calle. Al rato pasa por el lugar un sacerdote que, al ver al pobre hombre tirado, desangrándose, sigue de largo sin importarle. Lo mismo ocurre con un levita que llega a la escena del crimen pocos minutos después. Al ver al hombre convaleciente decide seguir su camino sin la mínima señal de compasión. Finalmente llega un samaritano que se compadece del hombre y lo ayuda. Te preguntarás ¿qué tiene que ver esta historia con mi noviazgo? Tiene todo que ver. Muchísimas parejas se comportan como el sacerdote y el levita del relato. Ven decenas de necesidades tendidas al costado del camino, pero siguen adelante sin importarles. Su frase lema es *«que se encargue mi novia»*, *«que se ocupe mi novio que para eso es hombre»*. ¡Va a ser difícil que su relación funcione si piensan ese tipo de cosas! Tienen que renunciar al individualismo y desarrollar el corazón del samaritano. Por encima de los roles y las tareas está la misericordia y la solidaridad. ¡Que gane el equipo!

Preguntas para analizar:

¿Cuáles son nuestras capacidades, intereses y virtudes como pareja? ¿Cuáles son nuestras debilidades?

¿Qué experiencias de verdadero trabajo en equipo hemos tenido en nuestro noviazgo? ¿De qué manera nos complementamos en nuestras tareas?

¿Somos flexibles y solidarios?

Desafío:

Hagan una lista de los talentos e intereses de cada uno. Oren comprometiéndose a ser solidarios y a ayudarse mutuamente en todo, aún cuando tengan que hacer cosas que no les gustan.

28: De fantasías a realidades

De chicos leíamos cuentos de hadas. Eran historias fantásticas de príncipes que rescataban princesas de castillos encantados, se casaban y eran felices por siempre. Soñábamos con vivir historias similares. Los varones deseábamos ser ese gran héroe, el príncipe que mata al dragón y conquista el corazón de *esa* chica, la más hermosa del reino. Y las mujeres se veían como la princesa en brazos del príncipe azul que llegaba para rescatarlas y llevarlas a su palacio. Si bien crecimos y ya no creemos más en dragones ni en hadas, aún conservamos parte de esta fantasía infantil. Queremos escribir nuestro propio cuento con final feliz. ¡Y no hay nada malo en soñar con finales felices! Esa es la voluntad de Dios para cada pareja: ¡que seamos felices! Pero los sueños se convierten en frustración cuando no toman la forma de proyectos concretos. ¡Un sueño sin proyecto es una de las cosas más frustrantes de la vida! Dios no nos diseñó solo para soñar. Nos diseñó para concretar nuestros sueños.

Al ponerse de novios, un gran porcentaje de jóvenes piensan: *«ya está»*, *«ya llegué»*, *«lo conseguí»*, *«ya conquisté a mi princesa»* o *«ya llegó mi príncipe azul»*. En la euforia del momento no se dan cuenta que ese es solo el comienzo, el punto de partida de un largo camino. Si te pusiste de novio responsablemente, recuerda que tu objetivo final no es el noviazgo, sino el matrimonio. Y aún el matrimonio es solo un nuevo punto de partida. No es la meta, sino el comienzo de un proyecto de familia que deben sostener en el tiempo. Es normal que el enamoramiento nos paralice, que nos congele en el presente. Lo que vivimos es tan hermoso que quisiéramos que el tiempo no pase. Pareciera que lo único importante en la vida es estar con la persona amada, no importa el cuándo, ni el dónde, ni el cómo, ni el por qué. Solo importa el quién.

Hay una vieja frase que describe este amor idealista que se vive como un fin en sí mismo y no puede proyectarse hacia el futuro: *«contigo pan y cebolla»*. En otras palabras: *«lo único importante es estar juntos, no importa cómo»*. Llevada a un extremo la frase podría significar *«no tengo problemas en vivir bajo un par de cartones con tal de estar a tu lado»*, *«no tengo problemas en comer todos los días pan y cebolla con tal de hacerlo junto a ti»* o *«no tengo problemas en padecer necesidades materiales con tal de tenerte conmigo»*. Suena muy romántico, pero no conozco un solo matrimonio que después de un par de meses de casados adhiera a esta idea. ¡A menos que quieras hipotecar tu futuro casándote con un vago, debes huir rápido de planteos así! Obviamente no estoy promoviendo que seas alguien materialista al que lo único que le importa es la billetera de su novio/a. Lo único que estoy diciendo es que, si tu objetivo es casarte y formar una familia, ¡deberías estar trabajando y ahorrando para poder concretar ese sueño! Si ya conquistaste a tu princesa, si ya llegó tu príncipe azul, ¡ahora es tiempo de que se pongan a trabajar para que el sueño de ser felices por siempre se haga realidad!

Uno de los cambios más importantes que tenemos que hacer durante el noviazgo es pasar de la fantasía a la realidad. En algún momento les tiene que «caer la ficha» y tienen que mirar de frente la realidad: hay un futuro del que hacerse cargo. En algún momento debes plantearte: *«Sueño con casarme, comprar mi casa propia, tener una linda fiesta, irme de luna de miel, sostener una familia, progresar económicamente, tener un auto y mandar a mis hijos a un buen colegio. Entiendo que todo esto no va a lloverme del cielo, tengo que esforzarme y trabajar para cumplir estos sueños».* Quizás ambos están trabajando y ya hace tiempo que hicieron este cambio. Si es así, los felicito y los animo a redoblar sus esfuerzos ahorrando y desarrollando una mentalidad de abundancia de cara al casamiento. Siempre animamos a los novios que apunten al ideal de comprar una casa o departamento propio y que comiencen el matrimonio sin necesidad de pagar un alquiler. Hemos visto como Dios hace la diferencia cuando las parejas se animan a creerle sin dejar de esforzarse, trabajar y ahorrar en pro de su objetivo. Hemos visto parejas con escasos recursos comprar su vivienda propia aún cuando los sueldos que ganaban no les permitían acceder a un crédito hipotecario. Hemos visto tremendos milagros de provisión en parejas que lo único que tenían a pocos meses del casamiento era la fecha del registro civil y una tostadora que les había regalado una tía. Finalmente pudieron celebrar su fiesta soñada, irse de luna de miel, equipar por completo su departamento y muchas cosas más. Pero todo esto no sucedió por arte de magia. Fue el resultado de la combinación de su esfuerzo y su fe. ¡Dios multiplica nuestros recursos, él hace lo que nosotros no podemos hacer, se mueve más allá de nuestras capacidades humanas y hace posible lo que parece imposible!

En una oportunidad, viendo a una gran multitud hambrienta,

Jesús le dijo a sus discípulos *«denles ustedes mismos de comer»* (Mateo 14:16). En otras palabras: *«¡háganse cargo!»* *«¡no esperen que mágicamente aparezca comida!»* *«¿qué es lo que tienen para darle de comer a esta gente?»*. Y cuando los discípulos trataron de convencerlo de que cinco panes y dos peces era una vianda ridícula teniendo en cuenta los más de 5000 vientres que debían alimentar, Jesús les respondió *«¡Tráiganme esa vianda ridícula!»* Ellos se animaron a creerle a Jesús. Le llevaron lo poco que tenían y resulta que ¡recogieron doce cestas con las sobras de pan y pescado! No fue un milagro de «aparición mágica» de recursos, sino un milagro de multiplicación de los recursos que los discípulos tenían.

Aplicado a su sueño de casarse, comprar su vivienda propia, celebrar una linda fiesta y demás objetivos que involucran dinero, el mensaje de esta historia es el siguiente: ¡no menosprecien lo que tienen! ¡Esfuércense! ¡Ahorren aun cuando lo que hoy pueden juntar parezca poco o ridículo comparado con todo lo que necesitan! Aunque vengan de familias ricas y sus papás les hayan prometido comprarles su primera casa y pagarles la fiesta, es importantísimo que hagan su esfuerzo y ahorren, ya que necesitan independizarse económicamente de ellos. Si ustedes hacen su parte y se esfuerzan, el Señor va a obrar un milagro de multiplicación. Lo que para ustedes es poco, en las manos del Señor es muchísimo. Por eso, cuanto antes hagan este cambio, mejor. En materia de ahorro, el factor tiempo es muy importante. Si se acuerdan de ahorrar apenas unos meses antes de casarse, es probable que lo que junten les alcance para poco y nada. Pero si se proyectan bien temprano en el noviazgo, y son buenos ahorradores desde un principio, Dios va a tomar esos ahorros y los va a multiplicar para que tengan aun más de lo que siempre soñaron. ¡A él le encanta cumplir nuestros sueños! ¡Él es el primer interesado en que se casen!

Preguntas para analizar:

¿Estamos trabajando y ahorrando para cumplir nuestro sueño de casarnos?

¿Estamos menospreciando nuestros recursos? ¿Decimos *«con esto no hacemos nada»*? Si gano poco en mi trabajo actual ¿Estoy moviéndome para conseguir un trabajo mejor que me permita ahorrar y empezar el matrimonio económicamente estable?

¿Hemos hablado alguna vez de estos temas como pareja?

Desafío:

Si nunca hablaron como pareja del tema económico en profundidad, el desafío de hoy consiste en sentarse, charlar acerca de esto y proyectarse. Háganse las siguientes preguntas: ¿Aproximadamente en cuántos años nos gustaría casarnos? ¿Cuánto necesitaríamos ganar entre los dos para poder sostener un hogar? ¿Estamos haciendo nuestro mayor esfuerzo y ahorrando para poder cumplir nuestros sueños? ¿Necesitamos cambiar de trabajo? ¿Confiamos en que Dios va a multiplicar lo que tenemos si nosotros hacemos nuestra parte?

SEMANA 5: PROYECCIÓN

Esta semana está escrita especialmente para parejas que ya llevan un buen tiempo juntas y están en condiciones de dar el gran salto del noviazgo: el compromiso. Si aún les falta para esa instancia o ven el compromiso como algo lejano, no digan *«nos saltamos esta semana»*. ¡Por favor no lo hagan! Ustedes también necesitan hacer los próximos siete cambios. Sé que su expectativa es que el noviazgo madure hasta ese punto definitorio, pero necesitan estar preparados para ese momento. Esta semana hablaremos acerca de proyectarnos, de hacer planes, de pensar en el futuro.

29. De perdidos a señalizados

Una pregunta que muchas parejas se hacen es *«¿cuánto tiempo tenemos que estar de novios?»* *«¿cuánto debería durar nuestro noviazgo?»* *«¿existe una duración ideal?»* Mi respuesta es siempre la misma: *depende*. Depende de muchas cosas. Depende de la edad, de la madurez de cada uno, de su realidad laboral y económica y del proyecto de vida que tengan; pero, sobre todo, depende de cómo atraviesen las distintas etapas del noviazgo. No existe una duración ideal. Depende.

Hay parejas que están siete meses de novios y eso es suficiente. También Hay noviazgos que requieren siete largos años de maduración y la pareja los transitan con sumo éxito. Una cosa es ponerte de novio a los treinta, con una vida ya armada y con una economía estable, y otra muy distinta es hacerlo a los quince. Por eso no existe un parámetro universal en cuanto a la duración óptima de un noviazgo. Las frutas crecen en árboles con ciclo propio. Ese ciclo es diferente en cada árbol frutal. Cuando llega el tiempo de la cosecha, las frutas «se caen de maduras». De la misma forma el noviazgo debe ir creciendo a su propio ritmo, hasta alcanzar la madurez necesaria, y «caerse de maduro». Hay algo que es seguro: ¡tarde o temprano tu noviazgo caerá y morirá! Ya sea que corten o que se casen, tu noviazgo está destinado a morir.

Si bien no hay ningún parámetro general que determine la duración ideal de su noviazgo, sí existen algunos indicadores que los pueden ayudar a darse cuenta si están entrando a un tiempo de definición. Es importante que disciernan cuando la fruta «se está cayendo de madura». Estos indicadores son señales en el camino, son carteles al costado de la ruta que dicen «casamiento 100km.», «casamiento 50km.», «casamiento 10km.».

Primer cartel: aprendimos a amarnos «a pesar de» = Casamiento 100km.

El gran propósito del noviazgo es que puedas conocer lo suficientemente bien a tu pareja y estar en condiciones de decir: *«la conozco tan bien que estoy dispuesto a pasar el resto de mi vida con ella, porque en verdad la amo»* o *«llegué a conocerlo en profundidad, hay varias cosas de él que no me gustan, pero a pesar de eso ¡lo amo! No me veo al lado de otra persona»*. Lo peor que les puede pasar es casarse en la etapa del enamoramiento, cuando todavía no aterrizaron al amor verdadero al amor «a pesar de». Hay parejas que se casan movidas por esa pasión inicial, cuando todo es ideal y aún flotan sobre una nube de rosas. El problema es que, al tiempo de casados, empiezan a caer en la realidad y atraviesan el proceso de sana desilusión que deberían haber vivido en el noviazgo. Desgraciadamente, muchos matrimonios no logran pasar esa prueba con éxito, ¡Del enamoramiento pasan directo al divorcio! Por eso es tan importante no saltarse etapas e incorporar en el noviazgo las cosas más importantes que hacen al amor maduro:

- Aprender a resolver peleas.
- Aprender a perdonar y pedir perdón.
- Aprender a quebrar el orgullo y ceder.
- Aprender a manejar el enojo.

- Aprender a movernos por encima de nuestros sentimientos.

Segundo cartel: somos económicamente estables = Casamiento 50km.

En la iglesia recibimos constantemente parejas que están planificando su boda o que ya pusieron fecha de casamiento. Vienen a vernos para reservar el templo, para que los ayudemos a organizar su ceremonia y, en último lugar (en el mejor de los casos), para que les demos algunos consejos prematrimoniales. Una de las primeras preguntas que les hacemos es *«¿Dónde van a vivir? ¿De qué van a vivir? Y ¿Cómo van a sostenerse económicamente?»*. En más de una oportunidad nos sorprenden las respuestas que nos dan: *«la verdad es que no sabemos»*, *«estamos los dos desocupados, pero tenemos fe que para la fecha del casamiento vamos a conseguir algo»*, *«Dios nos va a proveer»* o *«¡Nos amamos!»*. Pero lo cierto es que esa fe mágica y pasiva jamás funciona. La pareja termina casándose envuelta en una crisis económica y esta termina matando el matrimonio. Un arranque económicamente caótico es una montaña difícil de escalar para una pareja de recién casados. ¡Es importantísimo que empiecen bien! ¡Por favor no se apuren! ¡Renuncien a la frase *«contigo pan y cebolla»*! Pasado mañana hablaremos en detalle acerca de cómo empezar bien el matrimonio en materia económica.

Tercer cartel: Tenemos un proyecto de vida juntos = Casamiento 10km.

Una vez que pasaron el cartel del amor «a pesar de» y el cartel de la estabilidad económica, algunas parejas suelen pensar *«ya aprendimos a amarnos y ya estamos en condiciones económicas de casarnos y sostener un hogar. ¡Ponemos fecha y listo! ¿Qué impide que nos casemos?»*. Yo les aconsejaría que primero se sienten y mediten en esta frase: El casamiento no es una línea de llegada sino una línea de partida. Excelente que se amen y que cuenten con lo necesario a nivel material para casarse, pero recuerden que el matrimonio es mucho más que vivir bajo un mismo techo y tener sexo. No se trata de estar juntos por el solo hecho de estar juntos. El matrimonio es una sociedad, es unirse con un propósito en común. Por eso no se casen hasta que no hayan hablado seriamente los siguientes temas:

- ¿Cómo es el hogar que queremos construir?
- ¿Cómo nos vemos de acá a diez años?
- ¿Cuándo nos gustaría buscar nuestro primer hijo?
- ¿Qué lugar va a ocupar la carrera, el trabajo, el ministerio y el tiempo libre en nuestras vidas?
- ¿Cómo vamos a organizar la vida doméstica?
- ¿Qué lugar van a ocupar nuestras respectivas familias en el matrimonio?
- ¿Cuáles son nuestras prioridades?

En caso de que uno o ambos estén estudiando, deben preguntarse:

- ¿Cómo vamos a manejar el hecho de estudiar estando casados?

¿Estamos dispuestos a ceder nuestro tiempo para que el otro estudie?

En el anexo 1 encontrarás 40 preguntas que sí o sí tienes que hacerle a tu pareja antes de poner fecha de casamiento.

Jesús dijo: *«Aprendan de la higuera esta lección: tan pronto como se ponen tiernas sus ramas y brotan sus hojas, ustedes saben que el verano está cerca. Igualmente, cuando vean que suceden estas cosas, sepan que el tiempo está cerca, a las puertas»* (Marcos 13:28-29). Él hablaba acerca de la importancia de prestar atención a las señales que indicarán su regreso, su segunda venida. El mismo principio de «prestar atención a las señales» se aplica al noviazgo: ¿Cómo saber si el «verano» del matrimonio está cerca? Sencillo: mirando las ramas de la higuera. Hay al menos tres hojas que tienen que brotar de esas ramas, tres «señales» de los tiempos:

- Madurez emocional y amor «a pesar de»
- La posibilidad de sostener económicamente un hogar
- Entender que el matrimonio no es una línea de llegada sino una línea de partida. Es decir: tener un proyecto de vida juntos.

Preguntas para analizar:

¿Vemos estas tres «señales» en nuestro noviazgo?

¿Qué debemos hacer para avanzar en nuestro objetivo de casarnos?

¿Qué cosas nos impacientan, o pueden empujarnos a cometer el error de casarnos apresuradamente?

Desafío:

Lean y respondan las preguntas de reflexión de hoy. Si se dan cuenta que la relación aún debe madurar, o que tienen que crecer vocacional y económicamente antes de casarse, decidan no impacientarse. Crean lo que dice Eclesiastés 3:11 *«Dios hizo todo hermoso en su momento»*. Valoren y disfruten las cosas únicas del noviazgo, no se salten esta etapa hermosa de la vida. También decidan no prolongar innecesariamente el noviazgo por negligencia o pereza laboral. Comprométanse a hacer su mayor esfuerzo estudiando, trabajando y ahorrando para poder empezar bien el matrimonio. Si se dan cuenta que la relación ya llegó a un punto de madurez, mañana hablaremos acerca de lo importante que es decidirse y poner una fecha de casamiento que sea firme.

30: De indecisos a determinados

Todo en la vida funciona por fe. Incluido el matrimonio. En oportunidades hablo con parejas cuyo gran problema es la indecisión. Ya llevan tres, cuatro, cinco o más años de novios, y siguen preguntándose si realmente se aman. Siguen deshojando la margarita: *«me ama, no me ama, me ama, no me ama...»* La palabra *«casamiento»* los atormenta y sienten que hay una gran pared invisible que les impide tomar la decisión del compromiso. No estoy hablando de parejas de adolescentes, sino de personas que ya tienen aproximadamente treinta años, con un buen pasar económico y todo a su favor para casarse. Pensar en el matrimonio les genera un enorme temor, y prolongan indefinidamente su noviazgo. Tan negativo como un noviazgo demasiado corto (en el que la pareja no logra conocerse profundamente), es un noviazgo que se prolonga innecesariamente, por la indecisión de los novios.

Lamentablemente, en muchos casos estos noviazgos terminan rompiéndose tras cinco, seis o más años de relación, no porque la pareja se llevara mal, sino que por el desgaste que produce la indecisión. El noviazgo no es un fin en sí mismo, es solo una preparación para el matrimonio. Cuando no fluye y no deriva naturalmente en el compromiso y luego en el casamiento, termina agotándose y muriéndose. Por eso es tan importante que en algún momento la pareja haga los cambios y simplemente ¡se decida! ¡Todo logro en la vida es el resultado de una pequeña decisión! Y para tomar decisiones hace falta fe. Estas son algunas de las causas de la indecisión en el noviazgo:

«Me da miedo lo nuevo»

Hay personas a las que les cuesta muchísimo tomar decisiones de cualquier tipo: les cuesta iniciar una carrera, les cuesta cambiar de trabajo, les cuesta comprar un electrodoméstico, les cuesta hacer un curso de inglés, les cuesta cambiarse el corte de cabello, etc. Lo nuevo y desconocido les causa pavor y prefieren no arriesgarse. Se quedan en su zona cómoda, en su zona segura. Sus preguntas preferidas son «¿Y si me equivoco?» «¿Y si no es lo que yo pensaba?» «¿Y si no tengo lo que hace falta?» «¿Y si...?» «¿Y si...?». Son esclavos del «¿y si...?». La sabiduría popular sostiene que si tomas decisiones, puedes equivocarte, pero si nunca las tomas, ¡ya estás equivocado! Es normal que lo nuevo te genere miedo, ya que implica transitar un camino desconocido. Pero debes superar ese miedo y moverte en fe.

- **«Nos faltan muchas cosas»**

Otra de las razones por la que varios noviazgos se prolongan innecesariamente, es porque la pareja quiere tener absolutamente todo resuelto antes de casarse. Está bien ser prudentes y plantearse objetivos pre-casamiento, como terminar la carrera, estabilizarse económicamente, estar en condiciones de comprar o alquilar una propiedad, etc. Ayer hablamos acerca de esto. ¡Cuántas parejas se casan a las apuradas sin tener siquiera un sueldo digno que les permita alquilar! Pero en el extremo opuesto al de los apurados se encuentran los híper exigentes. Los que dicen *«hasta que no tenga mi casa propia completamente amueblada y decorada no me caso»*. Quizás hace cinco años que vienes presentándose a un examen de la facultad que te quedó pendiente y no logras aprobarlo, pero dices: *«hasta que no tenga mi título no me caso»*. Si persisten tercamente en esa idea, seguramente te recibirás y lucirás orgullosamente tu título, ¡pero te quedarás sin esposo/a!

- **«Lo que pasa es que mi mamá...»**

Una de las causas más comunes de la indecisión es la presencia de un vínculo materno o paterno muy fuerte. Generalmente se da en los varones en relación con sus mamás. Sobre todo cuando la mamá es viuda, vive sola y el hijo es el responsable de cuidarla y sostenerla. A veces la mamá hace lo imposible para que su hijo se quede con ella. Por su parte, el hijo se siente culpable de casarse. Siente que está abandonándola. También puede darse en mujeres, sea con su mamá, con su papá o con ambos. Es común que a los padres les cueste soltar a sus hijos y también es común que a los hijos les cueste cortar afectivamente con sus progenitores. Hablaremos de esto más adelante.

- **«Así estamos bien»**

También se da el caso de parejas que no se comprometen sencillamente porque están cómodos de novios. No tienen mayores responsabilidades, así están bien. En general son parejas a las que no les importa respetar el principio bíblico de la abstinencia sexual hasta el matrimonio y, por lo tanto, conviven durante un tiempo. Si por algún motivo la relación no funciona, cada uno sigue su propio camino. Le escapan a todo lo que implique compromiso, responsabilidad, amor maduro y abnegación.

Cualquiera sea la causa de tu indecisión, es indispensable que dejes de poner excusas y entiendas que la única manera de avanzar en la vida es mediante la fe. La Biblia enseña que cuando nos determinamos una cosa y nos es firme, entonces resplandece luz sobre nuestros caminos (Job 22:28). El testimonio de todos los que nos hemos casado coincide en cuatro puntos esenciales:

- No teníamos todo lo que hacía falta.
- Le creímos a Dios.
- Nos comprometimos y fijamos una fecha de casamiento.
- Dios nos bendijo sobrenaturalmente con más de lo que necesitábamos.

Esta es la dinámica de la fe, te animo a que la pruebes.

Jesús le dijo a Pedro: «¡Hombre de poca fe! ¿Por qué dudaste?» (Mateo 14:31) Pedro venía caminando sobre el agua, pero en un momento empezó a dudar. No dudó de Jesús sino de él mismo: dudó de su capacidad para seguir avanzando y entonces se empezó a hundir. Lo mismo ocurre en muchos noviazgos. Vienen caminando bien, pero en el momento en el que deben tomar la decisión de casarse, dudan, y el noviazgo empieza a hundirse. Por eso renuncien a toda indecisión y continúen dando pasos en fe. Jesús te pregunta lo mismo que le preguntó a Pedro: «¿Por qué estás dudando?»

Preguntas para analizar:

¿Estamos prolongando innecesariamente nuestro noviazgo por indecisión?

¿Qué es lo que nos impide comprometernos? ¿Qué es lo que nos genera temor?

¿Qué factor externo a nosotros provoca la indecisión? ¿Padres? ¿Estudio? ¿Trabajo? ¿Entorno de amigos?

Desafío:

Lean y respondan las preguntas de reflexión de hoy. Si se dan cuenta que la relación ya llegó a un punto de madurez en el que deberían comprometerse, decidan hacerlo. No es necesario que hoy mismo pongan una fecha de casamiento, pero sí es importante que determinen no seguir prolongando indefinidamente su noviazgo. Identifiquen las causas de la indecisión y renuncien en oración a esas trabas que estuvieron frenándolos. Sea el temor a lo nuevo, el querer tener todo resuelto, la incapacidad de cortar con los padres o cualquier otra causa.

31: De sorprendidos a concentrados

Los inicios son fundamentales, un buen director técnico lo sabe bien. Es habitual que los equipos de fútbol salgan a la cancha «dormidos» y a los pocos minutos de juego los sorprenda un gol del rival (los que suelen llamarse «goles de vestuario») poniendo cuesta arriba dar vuelta el resultado. Por eso, un buen director técnico concientiza a su equipo acerca de la importancia de los primeros minutos de juego, así logra que el equipo salga a la cancha concentrado. Lo mismo pasa en el matrimonio con los primeros meses de convivencia. ¡Es importantísimo empezar bien!

Hoy quiero hacer las veces de «director técnico matrimonial» y ayudarlos a tomar conciencia de lo importantes que son los primeros meses de casados. He visto varios matrimonios a los que la vida conyugal los «sorprende». Sea por falta de preparación o por casarse con un optimismo inocente, muchas parejas «salen a la cancha» dormidas y, al poco tiempo, se lamentan: *«no pensamos que estar casados iba a ser así».* Les cuesta muchísimo repuntar el «resultado adverso». ¡Qué no les pase lo mismo a ustedes! ¡Empiecen el matrimonio bien despiertos y concentrados!

¿Cómo empezar bien un matrimonio?

En primer lugar, es importantísimo que empiecen a organizar su boda con bastante tiempo de anticipación. A muchas parejas les agarra un «ataque de pánico» dos meses antes del casamiento.

Caen a la realidad de lo que significa casarse, organizar una boda, mudarse, etc. Dejan todo para último momento y llegan al gran día de la ceremonia con la lengua afuera, estresados, sin haber disfrutado del proceso previo (o habiendo resignado mucho de lo que siempre soñaron para ese gran día, por pereza o negligencia). Un dicho popular afirma: «la organización mata al tiempo». ¡Organícense con tiempo! Empiecen a moverse al menos un año antes. Lo ideal es que lleguen a los últimos meses previos a la boda con la mayor cantidad de ítems resueltos: la casa, la luna de miel, la fiesta, el vestido y la noche de bodas. No dejen todo para último momento. Las últimas semanas antes del casamiento no deben estar plagadas de corridas, tensión, peleas y mal humor. Ese es el clima en el que viven muchas parejas los días previos a su boda por no haber organizado las cosas con suficiente tiempo de anticipación.

En segundo lugar, concéntrense en pasar tiempo juntos. Vayan programando una hermosa luna de miel. Es sumamente importante que los primeros recuerdos que atesoren como matrimonio sean positivos. En la medida de sus posibilidades traten de irse al menos una o dos semanas solos a un lugar en el que puedan estar tranquilos y disfrutar. ¡Anímense a creer que pueden hacer ese viaje soñado! Soy consciente que la economía suele ser una limitación, pero hagan su mayor esfuerzo creyendo que Dios los bendecirá con ese viaje o que, en caso contrario, les regalará uno aún mejor, ¡Él es el primer interesado en que empiecen bien su matrimonio! Es preferible organizar un brindis austero y gastar menos dinero en la fiesta que resignar esa luna de miel soñada. Si por alguna razón, económica, laboral o de otra índole, les resulta imposible apartar esos días de luna de miel, busquen otras formas de pasar tiempo juntos. Quizás puedan programar un viaje para más adelante y, mientras tanto, aprovechar al máximo los fines de semana, o sus días libres.

En Israel había un ley que prohibía a los hombres recién casados salir a la guerra durante su primer año de matrimonio (Deuteronomio 24:5). El objetivo de esa ley era que los maridos pudieran quedarse en su casa «*para alegrar a la mujer*». De manera equivocada, muchos matrimonios inician su vida juntos con agendas súper cargadas y con mil actividades, sin darse cuenta que la prioridad durante los primeros meses debería ser simplemente estar juntos y afianzar el matrimonio. La luna de miel no son solo los días de viaje post-casamiento, sino que abarca al menos todo el primer año de casados ¡Y tiene que ser un tiempo de miel! No importa que sus familiares o amigos los acusen de cortados o aislados. Claro que tiene que haber un balance y es bueno que pasen tiempo con familiares y amigos. Pero la prioridad tiene que ser estar juntos y afianzar bien el matrimonio. Durante ese primer año no deberían estar a las corridas con cientos de compromisos en su agenda. Proyecten disponer de abundante tiempo para ustedes, tiempo de ocio y disfrute. Recuerden que es importantísimo que sus primeros recuerdos como matrimonio sean positivos.

Tercero, concéntrense en consolidar su economía. Ya hablamos acerca de parejas que inician el matrimonio con deudas o con una economía inestable. Dijimos que ese es uno de los peores comienzos. Si concretar su luna de miel soñada va a significar endeudarse, entonces mejor quédense descansando en su casa. Es preferible disfrutar una comida sencilla en la paz del hogar, libres de deudas, que comer un banquete en el mejor hotel del mundo, pero llenos de ansiedad por los US$ 5000 que le deben al banco (mi versión de Proverbios 17:1). En su lista de desafíos económicos pro-casamiento, estas deberían ser sus prioridades:

1. La casa

Como ya dijimos, hagan su mayor esfuerzo para empezar el matrimonio en su propia vivienda, sin necesidad de alquilar. Ahorren, averigüen sobre créditos hipotecarios, planes de vivienda, terrenos donde puedan construir en el futuro, etc. Crean que Dios quiere esto para sus vidas. Y crean en su poder para multiplicar sus recursos escasos (sus cinco panes y dos peces). Conozco parejas que tenían ahorrado un dinero para su luna de miel, pero les surgió la oportunidad de comprar un departamento y, sin dudarlo, usaron ese dinero para concretar la compra de la propiedad. Ellos tenían bien en claro sus prioridades, ¿Acaso no es mejor ser dueño de tu propio departamento que disfrutar de una linda luna de miel por una semana pero luego volver y tener que alquilar? Lo interesante es que en estos casos en donde se hizo esto, Dios terminó regalándoles también un hermoso viaje, ¡Les proveyó los recursos por otros medios! Cuando nosotros hacemos nuestra parte, Dios siempre se encarga de hacer la suya, y lo hace mucho más allá de lo que somos capaces de pedir o entender (Efesios 3:20). Nosotros tenemos que tener en claro las prioridades ¡Y la casa es prioritaria!

2. La luna de miel

La luna de miel debería figurar segunda en su lista de prioridades, antes del equipamiento de la casa (salvo cosas indispensables como la heladera, el colchón y un par de sillas), o cuestiones referidas a la ceremonia y la fiesta. Ya dijimos porqué. Lo cierto es que muchas de las cosas que necesitamos para la casa Dios se encarga de regalárnoslas por medio de familiares o amigos. Lo mismo pasa con otros ítems de nuestra lista, como la torta de la fiesta, la habitación del hotel para nuestra noche de bodas, etc. Es importante que tengan en claro las prioridades para saber qué cosas eliminar de su lista en caso de que dispongan de un presupuesto ajustado. Pero, como sobre gustos no hay nada escrito, es imposible elaborar un orden de prioridades general aplicable a toda pareja. Quizás para una pareja la fiesta es algo sumamente importante, mientras otra dice «nosotros con un brindis austero que dure cinco minutos estamos bien». Quizás una pareja prefiera pasar la noche de bodas en su casa y ahorrarse lo que sale una noche de hotel, para la luna de miel. Por eso es imposible fijar un criterio exacto y universal en materia de gastos pro-casamiento, depende de las preferencias de cada pareja. Sin embargo, mi consejo es que no escatimen en la luna de miel (a no ser, como ya dijimos, que por irse de luna de miel dejen escapar la oportunidad de comprar su vivienda, o que ese viaje les signifique endeudarse).

3. Todo lo demás

En este «todo lo demás» deben priorizar aquellas cosas que son fundamentales para el «después». Muchas parejas gastan todos sus ahorros en una gran fiesta de casamiento, que dura solo cinco o seis horas, para luego regresar a una casa desprovista de heladera y cocina en la que tendrán que vivir al menos por los próximos cinco o seis años y, al no tener heladera ni cocina, se ven obligados a comprar comida hecha, comenzando a endeudarse. Lo peor es que con lo que gastan semanalmente en «delivery» podrían comprarse la cocina en apenas unos pocos meses. Por eso es vital que sean sabios y prudentes al usar su dinero. ¿Quién dijo que sí o sí necesitan una torta de seis pisos para la fiesta? ¿Qué problema hay si en vez de smoking usas saco y corbata? ¿Acaso no tienen un amigo con una buena cámara de fotos que pueda oficiar de fotógrafo? Claro que si tienen la posibilidad de hacer una fiesta a todo trapo y contratar al mejor fotógrafo de la ciudad, no está mal que la hagan (¡siempre y cuando no se endeuden!). El problema es que muchas parejas se enfocan solo en la ceremonia, en la fiesta (el vestido, los arreglos florales) y olvidan del después, siendo lo más importante el después. Mañana hablaremos con mayor generosidad acerca de cómo empezar bien el matrimonio en materia económica.

En cuarto y último lugar, si quieren empezar bien el matrimonio concéntrense en desarrollar su propio modelo de familia. Estar casados es una experiencia maravillosa, pero absolutamente nueva. Al regresar de la luna de miel la pareja toma conciencia de su inexperiencia en todo lo que implica vivir con otra persona, y allí surgen los recuerdos, las imágenes y los consejos de papá y mamá. Los buenos y los malos. Para la recién casada, ser esposa es ser cómo era su mamá; para el recién casado, ser esposo es hacer las cosas que hacía su papá; y en el bagaje de cosas que traemos de nuestro núcleo familiar original, hay de todo, cosas buenas, que les funcionaban de maravilla a papá y a mamá, pero que en este nuevo núcleo familiar no funcionan. Y no funcionan por la sencilla razón que tu esposa no es tu mamá, ni tu esposo tu papá. Por eso tienen que empezar a desarrollar un modelo propio de familia: códigos propios, hábitos propios y formas propias. Uno de los principios fundamentales del matrimonio es el principio del *dejar* (Génesis 2:24). Un alto porcentaje de matrimonios empiezan mal porque no logran dejar atrás a sus respectivos padres, no pueden cortar el cordón umbilical. Por eso, si estás proyectando casarte, es importante que empieces a dejar desde ahora. No esperes a estar casado (con esto no quiero decir que te vayas a vivir solo, sí que empieces a hacer el corte afectivo). Tienes que mentalizarte: a partir de que digas «sí» en el altar, tu familia va a ser tu cónyuge. Tu matrimonio será tu nuevo núcleo familiar. Tus padres y hermanos seguirán siendo familiares, tu familia extendida, y los seguirás honrando y amando. Pero el amor por tu cónyuge debe superar tu amor por tus familiares. Hablaremos en detalle de este tema en el punto *38*.

Jesús habló de un casamiento y de dos actitudes que podemos tener ante esas nupcias: dormirnos o concentrarnos (Mateo 25:1-13). Él dijo *«que la llegada del esposo los encuentre bien despiertos y concentrados»*. Si bien se refería a su propio retorno como esposo de la iglesia, el principio también se aplica a nuestras nupcias humanas. ¡Que la vida conyugal los encuentre despiertos! Dios quiere que empiecen bien su matrimonio.

Preguntas para analizar:

¿Estamos pensando en nuestro primer año de casados como una larga luna de miel? ¿Cuál es nuestra agenda para ese año?

¿Tenemos en claro cuáles son nuestras prioridades al momento de organizar nuestra boda?

¿Estoy empezando a *dejar*?

Desafío:

En oración, comprométanse delante de Dios a empezar bien su matrimonio. Hablen acerca de su agenda para el primer año de casados. Decidan respetar las prioridades económicas en su planificación pro-casamiento. Anoten en un papel cómo sueñan que será su primer año de casados y oren agradeciéndole a Dios anticipadamente por lo que él hará. Díganle que están abiertos a que él los sorprenda con cosas que van más allá de lo que ustedes son capaces de pedir o entender.

32: De caos a orden

La economía de muchas parejas de recién casados es un verdadero caos. De una administración personal, de repente pasan a una administración compartida. Los impuestos que antes pagaban sus padres, ahora los tienen que pagar ellos. Por inexperiencia gastan fortunas en el supermercado. A mitad de mes se dan cuenta que se les acabó todo el sueldo. Se endeudan por querer equipar la casa con todos los adornos y electrodomésticos que ven en el shopping. Se pelean por la plata de uno y por la plata de otro... y la lista de motivos podría continuar. Ni que hablar si uno de los cónyuges es austero y organizado y el otro derrochador y desordenado. Para muchas parejas los primeros meses de convivencia suelen ser caóticos en los temas económicos. ¡Pero no debería ser así! Aplicando algunos principios sencillos de administración no solo es posible empezar el matrimonio con paz financiera, sino también ser prosperados económicamente desde el primer día de casados. Estas son las cosas más importantes que deben tener para que eso sea posible:

1. Una caja común

Es imposible que sean bendecidos económicamente si son una sola carne pero *dos billeteras*. Una vez que nos casamos ya no existe más «tu plata» y «mi plata». Ahora es *nuestra* plata. No importa quién gana más y quién gana menos. Muchísimos matrimonios viven bajo maldición económica por no poner en práctica este principio básico. Hay mujeres que dicen *«tengo derecho a comprarme ese vestido caro, me lo gané con mi esfuerzo, es mi plata»*. Hay hombres que dicen *«¿Acaso no puedo darme el gusto de comprarme una moto? ¿Qué importa que mi esposa no esté de acuerdo? ¡El que gana el sustento en esta casa soy yo!»* Obviamente un matrimonio así, en el que cada uno tira para su lado, no puede ser bendecido. Tiene que haber una caja común, sin importar quién es el que más gana, tampoco si uno trabaja y el otro no. Es *nuestra* plata.

2. Un presupuesto mensual

En base a esta caja común, lo segundo que tienen que hacer es elaborar un presupuesto mensual de gastos. Es decir, determinar en qué van a gastar su sueldo. Presupuestar significa *suponer antes*. No es anotar todo lo que se gastó sino justamente todo lo contrario, es sentarse y determinar *en qué* van a gastar el dinero. Y luego viene lo más importante: ¡respetar ese presupuesto! No esperen a la vuelta de su luna de miel para armar su presupuesto. El presupuesto lo tienen que armar al momento de tomar la decisión de casarse. Antes de poner fecha de casamiento, tienen que sentarse y hacer bien los números:

¿Entre lo que ganamos los dos nos alcanza para sostener un hogar?
¿Cuánto vamos a tener que pagar de alquiler?
¿Cuánto de impuestos?
¿Cuánto de supermercado y comida?
¿Cuánto gastamos en viáticos?
¿Cuánto gastamos en obra social?

Como dijimos ayer, muchas parejas son «sorprendidas» por la convivencia por no haber hecho estas preguntas cuando estaban de novios. Una vez casados se dan cuenta que los números no les cierran e inician el matrimonio mendigando, ansiosos por su estrechez económica, pidiendo dinero prestado y endeudándose. Por eso el presupuesto lo deben armar al momento de tomar la decisión de casarse. Seguramente en los primeros meses de casados tendrán que ajustar un poco ese presupuesto. En la convivencia cotidiana siempre aparecen gastos que no habíamos contemplado. Pero cuanto más previsores sean, más fácil les resultará hacer esos ajustes y llegar a un presupuesto equilibrado que les permita crecer económicamente. Estos son los ítems que deben aparecer en su presupuesto, en orden de prioridades:

a) Diezmo y ofrenda
b) Ahorro
c) Alquiler, cuota del crédito de la casa u otros
compromisos de deuda
d) Impuestos
e) Alimentación
f) Otros gastos

Es importantísimo que respeten este orden de prioridades. Dios tiene que ser el primero, jamás le roben lo que a él le pertenece. Luego de pagarle a Dios el diezmo, páguense a ustedes mismos. Este pago se llama ahorro. Quizás digan *«pero nos resulta imposible ahorrar, nuestro presupuesto es ajustadísimo»*. ¡Eso es mentira! Recuerda lo que dijimos en el punto *29*. Aunque sea un peso, empiecen a ahorrar. No importa la cantidad, lo que importa es incorporar el hábito y, sobre todo, empezar a creerle a Dios. ¡Lo que nos parece poco, en las manos de Dios es muchísimo! Por eso el segundo ítem del presupuesto tiene que ser el ahorro. Una vez que le pagaron a Dios y se pagaron a ustedes mismos, entonces paguen todo lo demás. Empiecen por los compromisos primarios. Paguen todas sus deudas. Paguen todos sus impuestos. En «otros gastos» es importante que tengan en claro qué es lo más y lo menos importante para que, llegado el caso de que tengan que hacer algún recorte al presupuesto, sepan cuáles son las cosas que primero tienen que eliminar. Puede pasarles al primero o segundo mes de casados, que se den cuenta que aún no están en condiciones de tener un servicio de cable para ver TV. Si el ítem «cable» figura en los últimos lugares de su lista de prioridades, entonces va a ser sencillo eliminarlo.

1. Un administrador

Lo tercero que necesitan para que su economía sea bendecida es un acuerdo en torno a quién va a ser el administrador o la administradora del dinero en casa. Los dos tienen que participar de las decisiones financieras y armar el presupuesto juntos, de común acuerdo (sin acuerdo es imposible que funcione bien el matrimonio). Pero es bueno que haya uno (el más ordenado, diligente y con capacidad para los números) que administre la caja y cuide que el presupuesto se respete. Puede ser el hombre o la mujer. En nuestro caso es Vale. Literalmente yo le entrego el sueldo a principio de mes, y dejo que ella separe el dinero por rubros, que me diga si disponemos de una partida para cierto gasto o no, etc. Esto no significa que yo me saque de encima la responsabilidad de velar por la marcha de la economía familiar. Tenemos un presupuesto armado de común acuerdo y sigo siendo tan responsable como ella por cada decisión económica que tomamos (en realidad soy más responsable que ella ya que soy la *cabeza del hogar*, ya hablaremos de lo que eso significa). Simplemente reconozco en Vale una capacidad mayor a la mía para administrar y permito que la desarrolle. ¡El matrimonio es trabajo en equipo! Y cada uno debe ocupar el lugar que le corresponde «dentro de la cancha».

2. Un estilo de vida común

Gran parte de los «cortocircuitos» matrimoniales se producen por falta de acuerdo en cuanto al estándar de vida que deben llevar. Quizás tú eres bien austero y te conformas con poco, pero tu novia siente que «se muere» sin sus cremas faciales, su sesión semanal de masajes y su salida al cine de los miércoles. Quizás a ti te da lo mismo tener o no tener auto, pero tu novio es de aquellos que «no podrían vivir» sin su coche. Pregúntense cuáles son sus criterios o prioridades de ahorro. Puede ser que tú vengas de una familia en la que las vacaciones eran sagradas y, por lo tanto, las ves como una inversión, pero tu pareja cree que un viaje de 1500 kilómetros y siete noches de hotel es un gasto absolutamente superfluo. También puede pasar que tengas ítems «no negociables» dentro de tu presupuesto (como por ejemplo ir a comer afuera una vez a la semana, el gimnasio, teñirte el pelo cada quince días, etc.) y al casarte te das cuenta que, por el bien de la economía familiar, tendrás que sacrificar alguno de tus hábitos «intocables». Pregúntense si son lo suficientemente flexibles como para adaptarse a las diferentes situaciones que se les puedan presentar, o si van a mantener a rajatabla su lista de «no negociables». Si sueñas con vivir en un vecindario exclusivo y usas ropa de marca mientras tu pareja se conforma con un mono ambiente y viste ropa comprada en el Ejército de Salvación, va a ser difícil que su relación funcione bien. Tienen que acordar un estilo de vida común, realista, acorde a sus ingresos. ¡Por favor no se endeuden por querer vivir por encima de sus posibilidades!

3. Un Señor de su economía

Lo más importante para gozar de una economía bendecida es que Dios sea el Señor de esta área de sus vidas. Esto significa poner por obra sus principios para el manejo del dinero. La Biblia está llena de principios sencillos, pero poderosos, para vivir en bendición material:

- No amar el dinero, no codiciarlo
- Ser generosos
- Diezmar y ofrendar
- Estar contentos con lo que tenemos
- Ser agradecidos
- No endeudarnos
- No querer vivir por encima de nuestras posibilidades
- Ahorrar
- Invertir sabiamente nuestro dinero
- Ser sobrios y esforzados

Te animo a que leas libros cristianos que te ayuden a crecer en sabiduría financiera (de manera especial te recomiendo el libro «Dónde se fue el dinero» del Pr. Daniel González)[4]. Cuando aplicamos los principios de la Palabra de Dios para el manejo de nuestra economía, el matrimonio está en paz y experimentamos lo que dice Proverbios 15:24: *«El camino de la vida es hacia arriba al entendido»* RVR 1960.

Jesús dijo: *«Nadie echa vino nuevo en odres viejos; de otra manera, el vino nuevo rompe los odres, y el vino se derrama, y los odres se pierden; pero el vino nuevo en odres nuevos se ha de echar»* (Marcos 2:22) RVR 1960. Administrarse como matrimonio es una experiencia totalmente nueva y, lo nuevo, requiere de odres nuevos. Esto significa *una estructura nueva*. ¡El noviazgo es el tiempo para

---

4   Daniel González. «¿Dónde se fue el dinero? Buenos Aires: Certeza Argentina, 2005.

empezar a armar esa estructura! Dios no es un Dios de caos, sino de orden. Él quiere derramar el vino nuevo de su bendición económica sobre sus vidas. ¡Solo tienen que preparar los odres!

Preguntas para analizar:

¿Hemos empezado a administrar una caja común pro-casamiento? ¿Hemos hecho el cambio del *yo* al *nosotros*?

¿Nos hemos sentado a elaborar un presupuesto estimado de lo que necesitaríamos ganar para sostener un hogar?

¿Es Dios el que manda en nuestra economía?

Desafío:

Lean las preguntas de reflexión de hoy y decidan hacer los ajustes que sean necesarios para ordenar su economía. Los hábitos que adquirimos de solteros los llevamos con nosotros al matrimonio. Los buenos y los malos. Comprométanse a cambiar todo mal hábito económico ahora que están solteros para que el matrimonio los encuentre preparados y sanos en el área económica.

33: De unidos a «vueltos a unir»

El corte del cordón umbilical es la primera experiencia que vive un recién nacido y también la que vive un recién casado. Al menos debería serlo. Buena parte de los problemas conyugales se deben a la incapacidad de la pareja de cortar con papá y mamá. ¡Siguen enganchados! En lo físico, en lo afectivo, en lo visto y aprendido en casa, etc. Por eso el primer mandato de Dios para el matrimonio es ¡dejar!:

«Por tanto, dejará el hombre a su padre y a su madre, y se unirá a su mujer, y serán una sola carne» (Génesis 2:24) RVR 1960.

«Dejar» significa desprenderse, separarse, cortar, independizarse, salirse o liberarse. Un matrimonio son dos personas dejando su núcleo familiar original para formar un nuevo núcleo, una nueva familia.

El día que te cases, tu familia no va a ser más tu papá, tu mamá y tus hermanos. A partir de ese día tu familia serás tú y tu esposo/a. Ese va a ser tu nuevo hogar, tu nueva familia. Tus papás y hermanos seguirán siendo familiares y los seguirás viendo y amando. Pero a partir del día de tu boda, tu primera familia, tu núcleo familiar primario, lo conformarán tú y tu cónyuge (¡y luego vendrán los hijos!) Es importantísimo que entiendas esto. ¡Vas a formar una nueva familia! Y una nueva familia implica una nueva identidad, nuevos códigos, nuevas formas de hacer las cosas, nuevos hábitos y nuevas maneras de comunicarse.

El noviazgo es una etapa diseñada para ayudarnos en este sentido. Nos ayuda a que el corte no sea tan drástico, que se haga de modo progresivo. Ayuda tanto a la pareja como a los padres. No sé si te diste cuenta, pero a los papás les cuesta soltar a sus hijos. Para ellos que se les case «el nene» o «la nena» es una experiencia traumática. Por eso los papás también necesitan el noviazgo. Les sirve para empezar a «elaborar el duelo». He conocido papás y mamás posesivos, que hacen todo lo posible para mantener a sus hijos «enganchados» a sus polleras o pantalones. Quizás no lo expresen en palabras o, por el contrario, demuestren una falsa alegría ante el hecho de que su hijo/a se case, pero en el fondo lo sufren y harán todo lo que esté a su alcance para seguir teniendo control sobre ellos. Aún papás sanos y bien intencionados querrán «meterse» en los asuntos de sus hijos, sobre todo en la etapa previa al casamiento y la de recién casados. Es común que opinen acerca de todo, que los llenen de consejos, que pretendan que se muden al lado de su casa, que quieran digitarles todo el programa de la ceremonia, que la suegra le de a la nuera una lista de lo que tiene que cocinarle a su hijo, que quieran irse de luna de miel junto a ellos, etc. ¡Si ustedes no ponen los límites sus papás van a meterse en todo! Con malas o buenas intenciones, lo harán. Está incorporado al instinto paterno y materno la protección de los hijos y, una forma de expresar ese instinto, es el entremetimiento. Hay varias cosas que como pareja necesitan comprender:

Primero, que no lo hacen de malos. Aunque tengan una actitud posesiva o te hagan la vida imposible para que no te cases. No lo hacen de malos. Seguramente se sienten inseguros, tienen una expectativa idealista de su futuro yerno o nuera (siempre soñaron con que te cases con un ángel) o quizás están emocionalmente enfermos y simplemente no quieren que te cases. Si ese es tu caso, debes empezar a verlos con otros ojos. Empieza a mirarlos como lo que realmente son: personas con problemas emocionales que necesitan ayuda. No les pidas que te den lo que no pueden darte. Deja de esperar que algún día cambien. Acepta su condición y aprende a quererlos a pesar de esa actitud posesiva o de entremetimiento. Ámalos como son, no como te gustaría que fuesen. Más aun si tus papás son personas sanas. Seguramente cuando crezcas y estés en la misma posición de ellos, con tu hijo a punto de casarse, también vas a querer meterte y ayudarlo. *«Les falta experiencia»*, *«es mi deber como padre»*, *«los veo tan chicos aún»* o *«me necesitan»*; estos son algunos de los argumentos que dan vuelta por la cabeza de todo padre y madre normales y sanos. No son entrometidos, ¡son simplemente padres!

Lo segundo que necesitan comprender es que la rebeldía no resuelve nada. Muchas parejas reaccionan con rebeldía al entremetimiento de sus padres. Confunden *«dejar»* con *«rebelarse»* y, lejos de cortar el cordón umbilical, se ligan cada vez más a ellos. Detrás de la rebeldía hay rencor, bronca, resentimiento, amargura, etc., y todas estas cosas no hacen más que atarnos a las personas con la que estamos resentidos, en este caso, nuestros padres. La pareja cree que la rebeldía los libera de sus papás, cuando en realidad los ata aún más a ellos. He conocido parejas que empezaron mal su matrimonio, sin la presencia de sus papás en la boda, o con ellos presentes pero con cara de amargados. Muchas veces el casamiento, lejos de ser un motivo de alegría familiar, se transforma en una pesadilla. Mucho tiene que ver la inmadurez de los novios asumiendo posturas rebeldes: *«Nuestros papás no se van a meter en nada»*, *«¡Este es nuestro casamiento!»* o *«¿Qué me importa lo que opine mi mamá?»*

Lo tercero que necesitan comprender es que tienen que honrar a sus papás. No es una opción, es un mandamiento de Dios que tiene promesa: *«para que tus días se alarguen en la tierra...»* (Éxodo 20:12) Honrar a tus papás significa respetarlos, amarlos, perdonarlos cuando se equivocan, y sobre todo en la etapa pre-casamiento, ¡escucharlos! Es verdad que somos inexpertos en esto del casamiento. Por eso Dios nos regaló papás que nos aconsejan y guían. *«Dejar»* no significa hacer oídos sordos a todo lo que sus papás les digan respecto al matrimonio. Aún los que tienen papás emocionalmente insanos o que no son un buen ejemplo matrimonial, tienen que escucharlos. Rechacen aquello que sea malo, pero retengan lo bueno.

Lo cuarto que necesitan comprender es que tienen que poner límites. Organizar la boda es una buena oportunidad para hacerle entender a sus padres que a partir de ahora «están por su cuenta». Como dijimos, está bien escuchar el consejo de sus papás: *«Cásense acá, cásense allá...»* *«¿Por qué no se compran un anillo así o asá...?»* *«Que la torta la haga la tía que es una excelente repostera».* Pero la palabra final la tienen ustedes. El día de mañana sus papás también opinarán acerca del nombre que deben ponerle a sus hijos, dónde tienen que vivir, a qué se tienen que dedicar, etc. Y si no aprenden a poner límites desde ahora, en el futuro los «invadirán» en todos los aspectos de su matrimonio.

La próxima semana veremos algunos significados más del *«dejar».* Por hoy solo recordar lo que **una vez dijo Jesús**, cuándo él mismo tuvo que dejar: *«¿Quién es mi madre, y quiénes mis hermanos?»* (Mateo 12:48). Resulta que la mamá y los hermanos de Jesús lo habían ido a buscar a la casa donde estaba enseñando. ¡Ellos creían que se había vuelto loco! Jesús había iniciado su ministerio, y aquellos más cercanos a él, los que lo habían visto crecer, aún no creían en el propósito de Dios para su vida. Fue allí dónde Jesús tuvo que hacer un corte. Jesús amaba a su mamá y a sus hermanos. Sin embargo fue tajante al declarar que a partir de ese momento había un propósito divino que estaba por encima de las expectativas o mandatos paternos. Ya era una persona madura y debía responder a la voluntad de Dios, su primer papá (por encima de María y José). Él no se rebeló ni juzgó a su mamá. Tampoco se dejó manipular.

Simplemente dejó en claro, con madurez y amor, que era hora de hacer un corte y seguir adelante con el propósito que Dios tenía para su vida. ¡Que puedan hacer el mismo cambio y ser verdaderamente libres!

Preguntas para analizar:

¿Entiendo que a partir del día en que me case mi nueva familia va a ser mi cónyuge?

¿Qué cosas me cuesta dejar de mi familia? ¿Qué cosas debería hacer para dejarlas?

¿Soy capaz de escuchar y respetar los consejos de mis papás? ¿En algún momento he sido rebelde?

Desafío:

Oren como pareja y agradézcanle a Dios por la vida de sus padres. Bendíganlos y den gracias por las cosas buenas recibidas y aprendidas de ellos. Pídanle a Dios que los ayude, tanto a ustedes como a ellos, a hacer el corte que implica el casamiento.

34: De aislados a bien acompañados I

Una de las grandes preguntas que toda pareja debería hacerse antes de casarse es *«¿quiénes nos van a acompañar en este viaje que estamos emprendiendo?»*. Esta pregunta es muy importante, ya que el éxito de su viaje dependerá, en gran medida, de los compañeros de camino que elijan. Los que acompañan el matrimonio tienen el poder de hundirlo o de levantarlo. La vida es una compleja telaraña de relaciones y es fundamental que seamos sabios al seleccionarlas. La Biblia enseña que el que anda con sabios, sabio será, pero el que se junta con necios va a ser quebrantado (Proverbios 13:20). La ecuación es bien sencilla. El dicho popular *«dime con quién andas y te diré quién eres»* está inspirando en este antiguo proverbio. Por eso es importantísimo que desde un primer momento rodeen su matrimonio de personas que lo bendigan. Si tuviéramos que elaborar un *ranking* de las relaciones más significativas del matrimonio, creo que este sería el orden correcto:

Dios

Su relación con Dios tiene que ser la «gran relación», por encima de cualquier otra. La Biblia dice que *«Si Jehová no edifica la casa, en vano trabajan los que edifican»* (Salmo 127:1). Tienen que velar porque Dios sea siempre el más importante en sus vidas, de verdad. Si están bien con Dios, todo lo demás va a funcionar bien, más allá de los problemas que puedan atravesar. Búsquenlo cada día. No descuiden su tiempo de oración. Propónganse orar juntos al menos dos o tres veces por semana. Si pueden hacerlo todos los días, muchísimo mejor. Pero si por sus horarios o por algún otro motivo se les complica hacerlo cotidianamente, al menos regularmente aparten tiempo para buscar a Dios juntos, como matrimonio. Digan *«los sábados a la mañana va a ser nuestro tiempo de oración como pareja»*. Si crean el hábito ahora que están de novios, de casados les resultará fácil y natural. Solo tendrán que continuar haciéndolo. Pero siempre recuerden que orar juntos no es un fin en sí mismo, es solo un medio para lo realmente importante: crecer en su relación con Dios. El objetivo es ser cada día más parecidos a Jesús: crecer en fe, crecer en el amor, crecer en paciencia y crecer en perdón.

Otro aspecto vital de nuestra relación con Dios es nuestra relación con su cuerpo, la iglesia. Yo no puedo decir que tengo una buena relación con Valeria a menos que la vea, la toque y la bese (es decir, que esté físicamente con ella, que me relacione con su cuerpo). No puedo ser esposo vía Internet. Valeria necesita un esposo real, no uno virtual. Lo mismo se aplica a nuestra relación con Dios. Dios es espíritu, es invisible. Sin embargo se hizo visible en Jesús. Y hoy nosotros, la iglesia, *«somos el Cuerpo de Cristo»*. Por eso estar en comunión con Jesús es estar en comunión con su Cuerpo, la Iglesia. ¡No podemos vivir la vida cristiana solos, aislados! Cristianismo es comunidad, es aprender los unos de los otros, es alentarnos y exhortarnos los unos a los otros y es edificarnos mutuamente hasta llegar a ser como Jesús.

Lamentablemente, muchas parejas se aíslan después de casarse. Vuelven de su luna de miel y «desaparecen». Ya no se los ve por la iglesia o asisten solo de vez en cuando. La Biblia dice claramente que no nos dejemos de congregar, como algunos tienen por costumbre (Hebreos 10:25). Yo agregaría «como muchos recién casados tienen por costumbre». Cuando dejamos de congregarnos nuestra relación con Dios empieza a enfriarse. Por más que oremos, adoremos y leamos la Biblia en nuestra casa, nuestro crecimiento espiritual es incompleto. ¿Dónde vamos a aprender a ser misericordiosos, a servir, a perdonar, a recibir exhortación con mansedumbre, a ceder nuestros intereses, a valorar las diferencias, a desarrollar paciencia y las demás virtudes cristianas, si no es en una comunidad de fe como la iglesia? Todas esas cosas son esenciales para que el matrimonio funcione. ¡Y no las vamos a aprender mirando la tele un domingo por la mañana! En cada etapa de nuestra vida necesitamos estar bien asentados en la iglesia. No solo para recibir, sino también para dar. Pero ese arraigo es aun más necesario en tiempos de transición, cuando afrontamos nuevos desafíos como el casamiento. Allí más que nunca necesitamos el apoyo espiritual y el consejo de amigos y hermanos de la Iglesia. Necesitamos una comunidad que nos ayude a hacer los ajustes iniciales del matrimonio.

Hijos

Después de Dios, la segunda relación más importante del matrimonio es la relación con los hijos. Es imprescindible que antes de casarse hablen el tema *hijos*. Muchas parejas tienen serios problemas matrimoniales por falta de acuerdo en este punto. Resulta que el esposo quiere tener no menos de cuatro hijos, porque viene de una familia numerosa y siempre soñó con comer en una gran mesa, como lo hacía en su casa de chiquito. Pero su esposa es hija única, y con gran coraje se atreve a tener solo uno. Para ella dos hijos ya son multitud. Ahí empiezan los desacuerdos. Por eso es importantísimo que hablen del tema *hijos* ahora que están de novios. Hablen acerca de *cuántos* les gustaría tener y de *cuándo* quieren tenerlos. Si tu expectativa es quedar embarazada en la luna de miel, pero tu novio no quiere saber nada del tema hasta que se reciba en la facultad (para lo cual aún faltan cuatro años), entonces están en un serio problema. Tienen que acordar estas cosas antes de casarse. A menos que ya sean los dos grandes, y no quieran demorar mucho la llegada de los hijos por su edad, nuestro consejo siempre es que esperen al menos tres o cuatro años para «encargar». Por varios motivos:

• Es importante que afiancen bien la relación, que establezcan el matrimonio. Para eso es bueno que sean solo dos por algún tiempo, hasta que se acostumbren a convivir y hagan los ajustes iniciales. A veces demasiadas cosas nuevas nos marean o desbordan y nos cuesta mucho adaptarnos.

• Ya dijimos que es importante consolidar las finanzas en los primeros años de casados. Que ambos trabajen y que sus hijos nazcan en un hogar económicamente estable.

• Hay cosas que con hijos es difícil hacer o que directamente no se pueden hacer. A veces veo mamás luchando por terminar la facultad, haciendo malabares con su agenda o papás que pretenden vacacionar en carpa en medio de la cordillera, con 3 grados bajo cero, junto a sus hijitos de apenas 5 y 2 años. La Biblia enseña que hay un tiempo para todo lo que se quiere debajo del sol (Eclesiastés 3:1). No hay nada más desgastante, tanto para los padres como para los hijos, que hacer cosas a destiempo. ¡Si siempre soñaron con irse de vacaciones en carpa al medio de la cordillera, aprovechen el primer tiempo de casados! Háganlo antes de encargar su primer hijo.

Dicho esto, es importante que entiendan dos verdades centrales acerca de los hijos. Si bien debemos ejercer una paternidad responsable y cuidarnos (con métodos anticonceptivos que no sean abortivos), lo cierto es que los hijos los manda Dios. Conozco decenas de parejas que quedaron «embarazados» a los pocos meses de casados, aún cuando se estaban cuidando con diligencia. Y lejos de significar un estorbo para sus vidas, sus hijos fueron una bendición. Dios no hace nada mal ni a destiempo. ¡Su voluntad es siempre buena, agradable y perfecta! Es lo más bueno, lo más agradable y lo más perfecto para nuestras vidas. Por eso, si Dios nos manda un hijo, no lo hace para «molestarnos» o para «complicarnos la vida», sino todo lo contrario. Lo hace porque era la hora que él tenía señalada desde la eternidad para que ese bebé naciera. Como dice un amigo mío ¡nosotros tenemos que hacer todo y que Dios haga lo que quiera! Él es Soberano. Él sabe qué es lo mejor para nosotros y tenemos que descansar en esa verdad.

Por favor renuncien al miedo *«¿y qué pasa si quedamos embarazados en nuestra luna de miel?»*. Ese temor se apoya en una mentira diabólica. El diablo le hizo creer a muchísimos jóvenes que los hijos son un problema. Un buen número parejas prioriza su carrera profesional o su bienestar económico por encima de la paternidad. Sobre todo en los países europeos, es común ver matrimonios que buscan su hijo recién a los treinta y pico o cuarenta años, y generalmente quieren tener uno solo. Algunos deciden directamente no tener hijos, porque los ven como un problema. ¡Pero los hijos son una bendición de Dios! Esa es la segunda verdad que es importantísimo que entiendan. La Biblia dice ***«He aquí, herencia de Jehová son los hijos: Cosa de estima el fruto del vientre. Como saetas en mano del valiente, Así son los hijos habidos en la juventud. Bienaventurado el hombre que llenó su aljaba de ellos»*** (Salmo 127:3-5) RVR 1960. Nota varias cosas en este pasaje:

• **Primero** lo que ya dijimos: los hijos los manda Dios, ¡y le pertenecen a Dios! Son «herencia de Jehová». Dios «nos los presta» para que los formemos sabiamente, los eduquemos con amor, los guiemos a reconocer en él a su verdadero creador, los hagamos discípulos de Jesús y establezcamos así una nueva generación bendecida en la tierra.

• **Segundo**: son «cosa de estima». Tienen que ser nuestro orgullo, nuestra gloria. No podemos negarnos a la paternidad, ya que es uno de los propósitos centrales del matrimonio. Es una de las grandes razones por las que están juntos: multiplicarse y llenar la tierra de gente bendecida y que sea de bendición. Y multiplicarse no solo en *hijos biológicos* sino, más importante aún, en *hijos espirituales*. Hay parejas que por problemas de esterilidad no pueden tener hijos biológicos, pero sí pueden desarrollar su paternidad, sea adoptando o formando hijos espirituales. El primer mandato de Dios a Adán y a Eva fue que crecieran y se multiplicaran (Génesis 1:28). Por eso el Salmo dice que los hijos son como «saetas» (flechas). «Hacer» hijos discípulos de Jesús es proyectarnos al futuro, es dejar un legado bendecido para la posteridad.

• **Tercero:** es bueno tenerlos en la juventud, es decir, cuando estamos en nuestra plenitud mental y física. Criar hijos demanda una buena cuota de energía y, la mejor etapa de la vida para hacerlo, es la juventud, cuando estamos «con todas las pilas». Al ser joven vas a poder compartir muchas actividades con tus hijos (como jugar al fútbol, andar juntos a caballo, llevarlos sobre tus hombros, etc.), cosas que de grande quizás te cueste hacer. ¡También con los años disminuye nuestra paciencia! Esto no significa que una mujer de cuarenta o un hombre de sesenta no puedan ser buenos padres. Pero lo mejor es tener hijos cuando somos jóvenes.

• **Cuarto:** el pasaje dice que es feliz el que llena su aljaba de ellos. La aljaba es el estuche donde se guardan las flechas. Tener muchos hijos no nos hace desgraciados, sino felices. Obviamente, hay que estar preparados para esto. Cada pareja deberá evaluar la «capacidad de carga» de su aljaba. En la aljaba de algunos cabrán dos flechas, en la de otros seis, y en la de otros solo una. Cuando nos casamos con Vale queríamos tener no menos de cuatro hijos, ya que ambos venimos de familias numerosas. Sin embargo cuando nació Ezequiel caímos a la realidad de lo que significa criar un hijo. ¡Y empezamos a bajar el número! Después de Ezequiel nació Milagros y dijimos *«uno más y basta»*. Hoy tenemos tres hermosos hijos y entendemos que esa es nuestra «capacidad máxima de carga». Por eso, más allá del número, lo importante es no darle cabida a esa mentira diabólica de que los hijos son un problema. ¡Los hijos son una bendición! ¡Son herencia de Jehová y cosa de estima!

En el apéndice de preguntas claves para hacerse antes del

casamiento incluyo varias referidas a los hijos. Te animo a que las respondas junto a tu pareja. Una de ellas es *«¿Qué idea tienes acerca de la disciplina de los hijos?»*. ¿Tiene sentido hablar de esto ahora? ¡Claro que sí! Quizás vean el tema *hijos* como algo muy lejano y digan *«cuando llegue el momento lo pensaremos y charlaremos»*. Pero recuerda que un futuro bendecido se empieza a construir hoy, y es vital que comiencen a consensuar un criterio común en torno a este tema. Cuando lleguen los hijos harán los ajustes necesarios. Pero los podrán hacer apoyados en un criterio que ya vienen charlando desde hace rato. Eso les evitará cientos de problemas que los matrimonios suelen tener con la crianza de los hijos, por no haber conversado nunca de ese tema.

Mañana continuaremos con nuestro *ranking* de las relaciones más importantes del matrimonio. Hoy quisiera que medites en estas **palabras de Jesús:** *«La gloria que me diste, yo les he dado...»* (Juan 17:22) RVR 1960. Jesús está hablando con su papá y en su oración deja en claro cuáles eran las dos relaciones más importantes de su vida: la relación con su papá Dios y la relación con sus hijos espirituales, sus discípulos. Jesús concentró lo mejor de su tiempo y energías en cultivar esas dos relaciones. Y lo mismo debería hacer todo matrimonio. Crecer cada día en su relación con Dios, llenarse de su gloria, y compartir esa gloria con sus hijos (biológicos y/o espirituales). ¡Que tus prioridades sean siempre las de Jesús! ¡Qué escojas siempre las mejores compañías!

Preguntas para analizar:

¿Tengo bien en claro que *«si Jehová no edifica la casa, en vano trabajan los que edifican»*? ¿Qué significa eso en mi noviazgo?

¿Qué cosas concretas estamos haciendo para que nuestra relación con Dios sea siempre la más importante? ¿Cuál es nuestro compromiso con *El Cuerpo de Cristo,* que es la iglesia?

¿Hemos hablado el tema *hijos*? ¿Tengo miedos o dudas respecto a este tema?

Desafío:

Oren juntos diciéndole a Dios que él es el más importante de sus vidas. Agradézcanle por la iglesia de la que forman parte y bendíganla. Comprométanse a seguir creciendo en su comunidad, floreciendo *«plantados en la casa de Jehová»* (Salmo 92:12-13) Pídanle a Dios que les de sabiduría y acuerdo en el tema de los hijos. Vuelvan a leer juntos el Salmo 127:3-5 y charlen acerca de los cuatro puntos que hoy desarrollamos en base a ese pasaje.

35: De aisalados a bien acompañados II

Ayer comenzamos a hablar acerca de los compañeros del matrimonio. Y dijimos que es importantísimo elegirlos bien. Ellos tienen el poder de hundir o de levantar la relación. Por eso ¡sean sabios al escoger! Pongan siempre a Dios primero en su lista de compañeros. Entiendan que después de Dios, sus acompañantes principales serán sus hijos. Y también entiendan que tienen que ser *acompañantes*, nunca *copilotos*. Tienen que ser muy cuidadosos con esto. No cometan el error de muchas personas que consideran a sus hijos más importantes que su pareja. Algunos *sienten* que aman a sus hijos más que a su esposo/a. Disfrutan pasando tiempo con sus hijos, pero descuidan la relación con su cónyuge. Esto trae serios problemas, no solo al matrimonio, sino también a los hijos. ¿Qué mejor forma de bendecir a tus hijos que amar, cuidar y halagar a su mamá y viceversa? El amor hacia los hijos no es menor ni mayor al amor hacia tu cónyuge, simplemente es distinto. Lo cierto es que un día los hijos dejan el hogar y forman su propia familia, pero tu pareja estará siempre contigo. Por eso su lista de prioridades tiene que ser:

- Dios
- Mi cónyuge
- Mis hijos

Hoy quisiera que completemos nuestro *ranking* de las relaciones más importantes del matrimonio:

Amigos

Tienen que rodearse de personas que bendigan y fortalezcan su matrimonio. Uno de los grandes problemas de muchas parejas es su entorno de amigos. Los amigos en común de la pareja, o los amigos personales de él y de ella. Suele pasar que el esposo hace amistad con personas que no son del agrado de su esposa y ella vive demandándole que se aleje de ese círculo. Dice *«¿Cómo puedes juntarte con ese grupo de holgazanes? ¡Te están llevando por mal camino! ¡Son todos unos vagos!»*. También puede ocurrir que la esposa se rodee de amigas chismosas o resentidas que viven promoviendo ideas anti-matrimonio del estilo *«no seré feliz pero tengo marido»* o *«los hombres son todos iguales»* y, tarde o temprano, terminan «comprando» esas ideas de las chicas de la peluquería. Por eso ¡cuidado con quiénes se juntan!

No estoy diciendo que tienen que ignorar por completo a personas así. Solo tienen que velar por que no sean de mala influencia sobre sus vidas y matrimonio. La Biblia enseña que ellos se tienen que convertir a ustedes, no ustedes a ellos (Jeremías 15:19). Por más que quieras alejarlas de tu vida, a muchas de esas personas vas a tener que verlas cotidianamente. Son tus compañeros de trabajo, de estudio o tus vecinos. Jesús nos enseñó a amar a todos y a ser sal y luz en el mundo. Por eso, lejos de aislarte, debes decirle a tu vecina que está pasando un mal momento con su pareja: *«el matrimonio es lo más hermoso que le puede pasar a una persona, no te resignes, no hay problema que no pueda resolverse de la mano de Dios, yo lo comprobé en mi propia vida...»*. Tienes que decirle a tu compañero de trabajo, que engaña a su esposa: *«eso está destruyendo tu vida, tu familia y tu futuro»*. Tenemos que vencer el mal con el bien, no encerrarnos en una cápsula de cristal.

Sin embargo, es importante que su círculo íntimo de amistades esté compuesto por gente sana y madura, matrimonios cristianos de su misma edad que compartan sus mismos valores en cuanto a la familia, con los que puedan ayudarse mutuamente y alentarse en la vida matrimonial. No está mal que el esposo tenga sus amigos y la esposa sus amigas, pero siempre y cuando eso no le genere problemas al matrimonio. Algunas cosas que tienen que tener en cuenta en este punto:

• **Sean flexibles.** Hay personas posesivas e intolerantes que le prohíben a su pareja juntarse con tal o cual persona solo porque no le gusta. Dicen *«Hay algo en Jorge que me incomoda»*. Quizás Jorge sea un amigo de toda la vida y caprichosamente pretende que su pareja corte con esa amistad de la noche a la mañana. Dicen cosas terminantes como *«es él o yo, decide»*. Si de verdad esa persona es de mala influencia sobre tu pareja, es bueno que corte la amistad, pero no lo va a hacer porque le pongas un revolver en la sien. Con amor debes hacerle ver que esa amistad lo / la está llevando por mal camino. Por otro lado, si tu pareja viene advirtiéndote acerca de una amistad nociva para tu vida, por el bien tuyo y de la relación ¡escucha sus advertencias! No te encierres bajo el argumento *«Tú no lo conoces. Métete en lo tuyo, mis amistades no te incumben»* y cosas por el estilo. En ese caso pregúntate *«¿Qué relación es más importante en mi vida?» «¿Mi amistad con Jorge o mi relación con mi esposa?»*.

• **Aléjense de las malas influencias.** Muchas personas piensan que alejarse de un amigo es *traicionarlo*. Se dan cuenta que ese amigo está trabándolo, o llevándolo por un mal camino, pero sienten culpa de cortar la amistad. Creen que sería faltar al amor. Pero si de verdad amas a tu amigo, lo mejor que puedes hacer, por el bien de ambos, es decirle *«tú sabes que te quiero y te valoro, pero no comparto tu estilo de vida. Me doy cuenta que nos hace mal estar juntos. Con mi pareja hemos decidido crecer y construir una familia bendecida y no queremos que nada trabe o retrase ese proyecto. Te voy a seguir queriendo y voy a seguir orando para que Dios te bendiga»*.

• **Valoren las buenas amistades**. Todo esposo necesita de amigos varones. Toda esposa necesita de amigas mujeres. Lo mejor que le puede pasar a tu futuro esposo es tener una *buena junta* de amigos. ¡No vagos y atorrantes! Amigos maduros, compañeros de batalla con los que pueda reírse, compartir sus penas, salir a pescar, ver juntos un partido de fútbol, etc. Eso le va a hacer bien no solo a él, sino también a ti como esposa. Le hace bien al matrimonio. Lo peor que le puede ocurrir a una pareja es encerrarse en sí misma. Los matrimonios así terminan ahogados, asfixiados. Por eso ¡no celes a los amigos de tu esposo! Aunque no los veas muy seguido o directamente no los conozcas, ellos también son tus amigos.

- **Que los amigos no le roben tiempo al matrimonio.** En el extremo opuesto al de los matrimonios ensimismados y asfixiantes que no se relacionan con nadie, están aquellos que se relacionan con todo el mundo menos entre sí. Lo único que comparten es un mismo techo. Su casa es solo el *hotel* al que van a dormir cada noche, pero durante el día cada uno tiene su propia agenda: él se junta todas las tardes en el bar con sus amigos y ella con «las chicas» del barrio; él toma clases de tenis por la noche y ella hace un curso de decoración de interiores. Llegan a casa a las once de la noche, cruzan dos palabras y se van a dormir. Y al otro día lo mismo. ¡Ojo cuando tus amigos empiezan a ocupar el lugar de tu pareja! Cuando el matrimonio atraviesa tiempos de crisis, esta suele ser una de las grandes tentaciones: el reemplazo. La pareja se «refugia» en sus amistades y, cuando esas amistades no son buenas, lejos de ayudar, empeoran aun más el problema. Los amigos se convierten en enemigos. Muchos hacen las veces de «consoladores baratos» de sus amigos en crisis, alimentando su autocompasión: «*tu esposo es un injusto*», «*no tiene derecho*», «*con todo lo que hiciste por él*», «*no merece que lo perdones*», etc. Le dicen a sus amigos lo que sus amigos quieren escuchar y creen que con eso los ayudan cuando, en realidad, los están hundiendo cada vez más. Por eso ¡ojo con quién te juntas! ¡ojo a quién escuchas! Aún si tienes buenos amigos, cuida que no le roben tiempo a tu matrimonio ni que lo destruyan con sus comentarios.

Nuevamente, ¡necesitan tener amigos en común! Matrimonios parecidos a ustedes con hijos de la misma edad que los suyos, personas con los que puedan aconsejarse mutuamente o que simplemente les puedan decir «*a nosotros nos pasa lo mismo*» (¡y ustedes no se sientan los únicos extraterrestres en el planeta a los que les cuesta ponerles límites a sus hijos!). Esos amigos serán su sostén, su ayuda en tiempos difíciles. Serán con quiénes se junten a cenar, con quiénes compartan salidas familiares o vacaciones. Serán sus compañeros de ministerio en el servicio a Dios. Esas son las amistades que tienen que cultivar.

Referentes

Si bien los amigos son el primer círculo de apoyo de la pareja, también necesitan rodearse de personas más maduras que ustedes, personas que les sirvan de referentes en la vida conyugal. No necesariamente tienen que ser sus amigos. Puede ser un matrimonio de años, que desde su experiencia pueda aconsejarlos y guiarlos. Pueden ser líderes o pastores de la iglesia a quiénes les rindan cuentas periódicamente. Si sus papás tienen un buen matrimonio, está bien que los tengan como referentes, los admiren y que escuchen sus consejos. Pero por más que sean excelentes padres, ellos no deberían ser sus principales consejeros en materia matrimonial por todo lo que ya explicamos en el punto *38*. A veces que se metan los papás es para problema. Está bien que sus papás se preocupen por su matrimonio y los acompañen con su ejemplo y consejo, pero no deberían ser sus principales referentes. Busquen consejeros «imparciales», ajenos a la familia. Busquen un matrimonio que los desafíe a crecer, a cambiar, a mejorar día a día en su relación. Y ¡no esperen a que estalle un problema para buscar esa ayuda! Desafortunadamente, esta es la manera en que actúan muchas personas. En vez de hacerle un servicio periódico a su auto, cambiarle el aceite y el filtro, revisar los niveles del agua y probar que funcionen bien todos los mecanismos, en vez de eso andan, andan y andan. Y solo se acuerdan de ir al mecánico cuando se les funde el motor. En materia de salud pasa lo mismo. Los médicos suelen detectar tumores fulminantes ya ramificados por todo el cuerpo que, si se hubieran tratado a tiempo, no significarían un gran problema para la persona. Pero resulta que esa persona jamás se hizo un *chequeo de salud de rutina*, el cáncer creció y creció y ahora ya es demasiado tarde. De nuevo, ¡es mejor prevenir que curar! El matrimonio también necesita *chequeos médicos de rutina*.

Necesita pasar por el mecánico. Necesita una atención preventiva permanente. Para esto es importantísimo que tengan un *médico de cabecera* o un *mecánico* confiable al que acudan periódicamente.

Por favor, no se aíslen, no digan «nosotros podemos solos». Ayer hablamos de la importancia de estar bien plantados en su iglesia. Esto es muchísimo más que ir el domingo a la reunión, escuchar un sermón y salir a las apuradas ni bien el pastor dice «amén». Hoy la mayoría de las iglesias cuenta con grupos pequeños y con células que funcionan durante la semana en los hogares o en el templo. Intégrense a alguno de estos grupos. Participen de alguna célula de matrimonios de sus mismas edades. Ahí van a encontrar la contención y el acompañamiento que necesitan para construir un matrimonio bendecido y podrán ser de bendición al resto del grupo.

Jesús le dijo a sus discípulos *«Ya no los llamaré siervos… los he llamado amigos»* (Juan 15:15) RVR 1960. Él entendió la importancia de rodearse de personas correctas. Él eligió un grupo de amigos, de compañeros de vida. Jesús sabía que solo no podía y por eso se apoyó en sus discípulos, sus cercanos, su círculo íntimo. Si él precisó de esa ayuda, ¿cuánto más nosotros? Dios ya tiene preparados a esos ayudadores, los que van a acompañar y a bendecir su matrimonio. Buena parte de esos ayudadores ya son amigos suyos. ¡Sigan cultivando esas amistades! De otros deberán alejarse. A otros los irán conociendo en el camino. A otros deberán buscarlos proactivamente. ¡Declaro que Dios aleja de sus vidas a los destructores y los rodea de edificadores! (Isaías 49:17)

Preguntas para analizar:

¿Cómo definiría a mis amigos? ¿Puedo decir que son buenas influencias en mi vida?

¿Qué opina mi pareja respecto a mis amigos? ¿Tenemos amigos en común?

¿Quiénes son nuestros referentes en la iglesia? ¿Estamos haciendo un *chequeo de rutina* con alguien?

Desafío:

Hagan una lista de las amistades que les gustaría cultivar o fortalecer como pareja y tomen la iniciativa. Inviten a esas parejas o matrimonios a comer. Siembren tiempo en esos amigos. Bendíganlos. Pregúntense de qué manera pueden ayudarlos. No se vean como simples *receptores*. Posiciónense como *dadores* y *sean* amigos, *dense* como amigos, *entréguense* como amigos ¡Y tendrán amigos! Si no han podido cultivar buenas amistades hasta el día de hoy, oren pidiéndole sabiduría a Dios en la elección de sus amigos creyendo y declarando lo que dice Isaías 49:17 ¡Dios aleja de sus vidas a los destructores y los rodea de edificadores! Hagan lo mismo en relación a sus referentes, si aún no los tienen.

SEMANA 6: PENSANDO EN EL MATRIMONIO

¡Llegamos a nuestra última semana! Y si llegaron hasta aquí es porque, indudablemente, su noviazgo es algo serio. La semana pasada nos concentramos en el paso del noviazgo al compromiso. Esta semana nos enfocaremos en el «gran paso»: de comprometidos a casados. Nuevamente: cualquiera sea la etapa del noviazgo en la que se encuentren, necesitan hacer estos últimos cinco cambios. Quizás vean el matrimonio como algo aún muy lejano y piensen: *«cuando llegue el momento nos informaremos de estos temas»*. ¡No! No esperen a su última semana de solteros para prepararse. Cuanto antes lo hagan, mejor. Este es el momento de empezar.

36: De líquidos a sólidos

Nuestro tema de hoy es el matrimonio.
¿Qué es el matrimonio? Veo que muchas parejas se casan sin tener en claro esto. No saben en lo que se están metiendo ¡Y no lo digo para asustarte! Lo último que quiero es que le escapes al matrimonio. El matrimonio es algo maravilloso. Dios lo creó. Él lo instituyó para nuestro disfrute y con un propósito glorioso que nos trasciende como individuos. Lo que más deseo es que tu noviazgo madure y que te cases. Pero quisiera que te cases entendiendo lo que el matrimonio verdaderamente es.

Justamente, por ser algo sagrado, el diablo ha querido tergiversar el concepto que la gente tiene del matrimonio. Hoy vivimos inmersos en una cultura individualista y hedonista que promueve los vínculos *light* y las relaciones pasajeras y fáciles. Los sociólogos hablan de nuestros tiempos como la era de las relaciones *líquidas* (informales, fluctuantes, cortas, sin compromiso, fundadas en emociones, descartables), en contraposición a las relaciones *sólidas* (formales, estables, perdurables, comprometidas, fundadas en convicciones) Bajo este patrón cultural es normal ver matrimonios a la deriva y que no sobreviven ni siquiera al primer año de casados. Pero Dios manda que no nos conformemos a la manera de pensar de este tiempo. Nos dice que tengamos una mentalidad diferente (Romanos 12:2). Un cristiano está llamado a abandonar los patrones de la cultura imperante y desarrollar una mentalidad de contracultura. ¡Este es un gran cambio que tenemos que hacer! Por eso hoy quiero ayudarte a salir de la ignorancia que existe en relación al matrimonio. Quiero que estés bien informado acerca de esta institución maravillosa que Dios creó. ¿Qué es el matrimonio? Aquí van algunas respuestas:

• El matrimonio es una institución divina

Luego de haber creado al hombre y a la mujer, Dios dijo: «... *dejará el hombre a su padre y a su madre, y se unirá a su mujer y serán una sola carne*» (Génesis 2:24) RVR 1960. Resulta gracioso que Dios hable de dejar el papá y la mamá después de crear a Adán y Eva, ¡los únicos seres humanos que no tuvieron papá y mamá! Esto indica que estamos frente a un principio universal. Dios está instituyendo el matrimonio para todas las generaciones posteriores. Él es el creador del matrimonio. La institución matrimonial corresponde al orden creacional y abarca a todos los hombres de todas las épocas de la historia. Es una institución anterior al estado, a la iglesia y a cualquier otra institución. El matrimonio, a su vez, constituye el fundamento de la familia, núcleo básico de la sociedad. Ya que Dios es el creador del matrimonio, es también el único que tiene derecho a estipular sus condiciones. Ningún ser humano, por inteligente que sea, puede arrogarse el derecho a opinar acerca del matrimonio, su vigencia y sus características. El único que puede hacerlo es Dios.

• El matrimonio es un pacto

No es un *contrato* sino un *pacto*. En un contrato los que establecen las condiciones son los contrayentes, por lo cual estas condiciones podrían ser diferentes según el deseo de cada pareja. Pero en un pacto ambas partes deciden de mutuo acuerdo acatar condiciones que van más allá de sus propios deseos personales. Un contrato es algo interesado (pertenece a la esfera de los negocios), limitado (se rompe cuando alguno de los contrayentes viola alguna de las cláusulas) y se basa en la desconfianza (hay que firmar un contrato escrito, con cláusulas comerciales detalladas, ya que no se puede confiar en la palabra del otro). Pero un pacto es algo desinteresado, ilimitado y basado en la confianza. Cuando un hombre y una mujer consienten en vivir en estado de matrimonio, sea delante de un juez o de un ministro religioso, según las leyes del país y sus creencias, Dios lo considera un pacto. El fundamento y sostén del matrimonio es la voluntad comprometida y no los sentimientos. **El matrimonio es la unión de por vida de dos personas del sexo opuesto, bajo un pacto espiritual explícito y público, con el objetivo de formar una familia y para su propio crecimiento personal.**

Como institución social, el matrimonio conlleva derechos y deberes que están contemplados en los ordenamientos jurídicos propios de cada país. Por este motivo, en Argentina, la única institución autorizada a concretar una unión matrimonial es el poder judicial de la nación a través de sus jueces. En este sentido, la iglesia no tiene potestad jurídica, sino simplemente espiritual. La iglesia no «casa» a nadie en el sentido legal del término, solo pide la bendición de Dios sobre el matrimonio. Esta es la razón de ser de una ceremonia religiosa de bodas: pedir, por medio de la oración, la bendición de Dios sobre el matrimonio. Si bien el aspecto jurídico es fundamental en la concreción de la unión matrimonial, desde el punto de vista bíblico, casarse implica mucho más que cumplir con un requisito legal. No es solo «poner la firma». Por eso, más importante aún que la ceremonia civil, es la ceremonia espiritual o religiosa, en la que el pacto matrimonial se sella, en presencia de Dios y demás testigos, y en la que se ora bendiciendo el matrimonio.

• El matrimonio es una unión de por vida

La unión no permanece vigente «mientras dura el amor» sino «mientras los dos viven». Un gran teólogo llamado Dietrich Bonhoeffer, que fue asesinado por el nazismo, decía que «*No es el amor el que sostiene el matrimonio sino que es el matrimonio el que debe sostener el amor»[5].* En la cultura de las relaciones *light* en la que vivimos, es común que la gente se divorcie bajo argumentos como: *«ya no nos amamos»* o *«ya no sentimos nada el uno por el otro».* ¡Pero el amor verdadero no es un sentimiento! Lo que sostiene al matrimonio en el tiempo no es el enamoramiento, sino la fidelidad al pacto, la determinación de ambos cónyuges a permanecer fieles al pacto matrimonial. Dios no aprueba el divorcio. El divorcio está fuera de la voluntad de Dios. Divorciarse es violar el pacto sagrado del matrimonio. Hoy en día muchas parejas se casan contemplando esta opción llamada divorcio. Hacen sus votos matrimoniales a la ligera. En la ceremonia de bodas se comprometen con frases como *«prometo amarte y serte fiel para toda la vida»,* pero por dentro piensan *«si no funciona nos divorciamos y listo».* Cuentan que cuando el conquistador español Hernán Cortez desembarcó en América, lo primero que hizo fue quemar toda su flota. Para él no era opción volver a España. Había llegado a suelo americano para conquistar esta tierra, y por dura que fuera la campaña de conquista, no estaba dispuesto, bajo ningún punto de vista, a volver atrás. ¡Ojalá todos los matrimonios se casaran con esta convicción! Debemos quemar el gran barco de escape llamado divorcio. ¡El divorcio no es una opción! No podemos hacer votos a la ligera, el matrimonio es algo serio.

Jesús dijo: *«Supongamos que alguno de ustedes quiere construir una torre. ¿Acaso no se sienta primero a calcular el costo, para ver si tiene suficiente dinero para terminarla? Si echa los cimientos y no puede terminarla, todos los que la vean comenzarán a burlarse de él, y dirán: Este hombre ya no pudo terminar lo que comenzó a construir»* (Lucas 14:28-30) El matrimonio es la torre que tenemos que construir y el noviazgo es el tiempo para sentarnos y calcular si tenemos lo suficiente para terminarla. Por eso es importante que pienses y entiendas de qué se trata esta torre maravillosa llamada «matrimonio» que quieren construir como pareja.

---

5   Dietrich Bonhoeffer, «Letters and Papers from Prison». New York: Macmillan, 1967, pp. 28.

Preguntas para analizar:

¿Considero el matrimonio como algo santo, sagrado, instituido por Dios, o lo veo como un simple trámite?

¿Entiendo lo que significa celebrar un *pacto*? ¿Entiendo las diferencias entre un *contrato* y un *pacto*?

¿Veo mi noviazgo como la oportunidad de pensar bien en lo que significa estar casado/a?

Desafío:

Lee nuevamente y con detenimiento el pasaje de Lucas 14:28-30. Junto a tu pareja oren entregándose a Dios y diciéndole que no quieren amoldarse a la manera de pensar de la cultura actual, caracterizada por las relaciones livianas, sino que quieren tener una mentalidad diferente. Díganle que quieren entender lo sagrado que es el matrimonio y formar un hogar que esté a la altura de lo que él soñó para ustedes.

37: De ignorantes a bien informados

Hoy voy a hablarte acerca de sexo. Quiero compartirte las cosas más importantes que toda pareja debería saber sobre este tema antes de casarse. Estoy convencido de que la principal causa de problemas sexuales en el matrimonio es la ignorancia. A muchas personas nadie les enseñó acerca de sexo y, si recibieron alguna enseñanza, no fue precisamente una «buena» enseñanza. Gran parte de las cosas que la gente aprende sobre sexo se dan por fuentes inadecuadas, como vestuarios, peluquerías, gimnasios, revistas para hombres o mujeres, Internet, televisión, películas. Esas fuentes suelen hacer eco de viejos mitos populares del sexo, que lejos de ayudarnos a disfrutar una sexualidad satisfactoria, la destruyen. ¡Lo que necesitamos es luz verdadera!

En el punto *14* hablamos acerca de algunas verdades bíblicas contundentes acerca del sexo. Hoy quisiera aplicar esas verdades a los interrogantes más frecuentes que las parejas se plantean antes de casarse.

¿Qué necesitamos saber para nuestra noche de bodas?
En primer lugar necesitan saber que el sexo es un aprendizaje.
Mantener sexo con alguien no es algo que se de en forma instintiva y automática, como otras funciones biológicas tales como respirar o comer. Tener relaciones sexuales es mucho más complejo e intervienen un sin número de factores: las enseñanzas que recibimos de chicos, experiencias sexuales que hayamos tenido (ya sea relaciones sexuales con otras personas o experiencias de auto sexualidad como la masturbación), nuestra salud física y emocional, temores, expectativas y culpas. Sexo no es solo coito o penetración. ¡Es muchísimo más que un pene dentro de una vagina! En una relación sexual se produce una unión física, psíquica y espiritual entre dos personas. Las relaciones sexuales son justamente eso, *relaciones*. Pero construir una relación lleva toda una vida.

Muchas parejas recién casadas dicen *«es que somos sexualmente muy diferentes y nos cuesta entendernos en la cama ¿Es normal?»* ¡Obvio! ¡Justamente son del sexo opuesto! La sexualidad es un aprendizaje compartido que lleva toda una vida. ¡No es una carrera de cien metros sino una maratón! La clave para crecer sexualmente en el matrimonio es crecer en amor y en el entendimiento de lo que mi cónyuge necesita. Por eso es una locura pensar en la noche de bodas como «la gran noche» o «la noche de máxima plenitud sexual». ¡Apenas son principiantes! Es imposible que tengan una gran performance sexual en su noche de bodas. A la inexperiencia se suman los nervios propios del momento (y la emoción mezclada con estrés de la ceremonia de bodas que acaba de terminar). Imagínate un novato en el manejo, alguien que recién está aprendiendo a conducir su auto, pretendiendo correr como el mejor piloto de fórmula uno. ¡Apenas si puede coordinar el movimiento de la palanca de cambio, el movimiento de apretar el embriague, girar volante, apretar el acelerador, mirar a los costados por los espejos retrovisores y los demás mecanismos del manejo! Lo mismo pasa con las primeras relaciones sexuales de un matrimonio: son relaciones para empezar a aprender. ¡Lo mejor que pueden hacer es relajarse, reírse y aprender juntos!

Lo segundo que necesitan saber antes de casarse es que todas las parejas tienen problemas sexuales en algún momento de su matrimonio. Muchas parejas suelen medir su «éxito» o «fracaso» sexual según lo que ven en la televisión o lo que escuchan de algún amigo «experto». Por eso una de las preguntas que más se hacen los matrimonios es *«¿es normal lo que nos pasa?»*. La realidad es que, en materia sexual, es muy difícil hablar de lo que es «normal». *«¿Está bien que tengamos relaciones solo una vez a la semana?» «¿Es normal que nuestras relaciones duren solo cinco minutos?» «¿Es normal que nos cueste tener relaciones en determinada posición?»*. La respuesta a todas esas preguntas es *«si disfrutan y están bien como matrimonio ¡claro que sí!»*. Es imposible definir qué es lo que está bien si de tiempo, frecuencia o formas se trata, ya que lo que puede ser normal para alguien, para otro no lo es. De la misma forma, lo que para una pareja puede ser un problema, para otra no lo es. Si un varón padece de eyaculación precoz y a su esposa nunca le molestó ni le molesta, ¿cuál es el problema? Por eso debemos renunciar a los mitos populares, a las opiniones de los «expertos» y aprender de la mano de Dios, de la mano de nuestro cónyuge, y de la mano de un profesional cristiano si fuese necesario.

Lo tercero que necesitan saber antes de casarse es que, en una relación sexual, la verdadera satisfacción es dar. Por encima de todas las cosas, el sexo es una expresión de amor. Lamentablemente, hoy mucha gente piensa en el sexo egoístamente, priorizando su propio placer sobre el de su pareja. Ven a su compañero o compañera sexual como un simple objeto al servicio de sus necesidades fisiológicas. *Quieren* a su pareja, pero no la *aman* de verdad, la utilizan. Pero el amor verdadero no busca lo suyo, el amor verdadero da, se entrega. Imagina una relación sexual en la que ambos «compiten» por ver quién satisface más y mejor al otro. ¡Allí sí hay disfrute! Para lograr esta «sana competencia» es importantísimo que el hombre entienda qué es lo que necesita su mujer a nivel sexual y viceversa.

¿Qué necesita la mujer?

- ¡Tiempo! ¡Preámbulo!
- No sentirse una prostituta
- Experimentar proximidad emocional
- Sentirse escuchada y comprendida
- Ser tratada mejor que el principal cliente de su marido
- Contar con que se le presta atención
- Sentirse elegida

Las mujeres se excitan por lo que escuchan, a través de palabras amorosas, caricias y proximidad emocional. Para una mujer la relación sexual puede empezar a la mañana temprano, cuando su esposo la llama por teléfono y le pregunta cómo está, o cuando le lleva un cafecito a la cama o le lava los platos. Los hombres necesitamos recordar que relación sexual es mucho más que coito o penetración. ¡Es *relación*!

¿Qué necesita el hombre?

- ¡Mirar! ¡Tocar! (en ese orden)
- Satisfacer una necesidad física
- Sentirse correspondido

Los hombres somos visuales, nos excitamos por lo que vemos y queremos ver ¡algo agradable! Las mujeres necesitan recordar esta verdad y «producirse» de la mejor manera posible. Esto no significa que tengas que estar hecha una diosa siempre, pero sí es importante que te esfuerces por agradar a tu marido y lo correspondas sexualmente. La Biblia enseña que al casarnos nuestro cuerpo ya no nos pertenece, le pertenece a nuestro cónyuge (1 Corintios 7:4). Esta verdad nos tiene que movilizar a entregarnos, a no negarnos el uno al otro. Hay mujeres que se prostituyen con sus propios maridos, extorsionándolos con propuestas como *«si me compras el microondas y me llevas de vacaciones a la playa que me gusta entonces sí me acuesto contigo»*. ¡Nada más alejado del amor! Por otro lado, que mi cuerpo ya no me pertenezca no significa que deba cumplirle todos los caprichos sexuales a mi cónyuge. A nivel sexual también tienen que funcionar bajo el principio del acuerdo. Si algo no le agrada a alguno de los dos, o peor aún, si lo daña o le produce dolor físico, entonces no deberían practicarlo. Forzar a mi pareja a hacer algo que le da asco es actuar egoístamente.

Por último, es vital que como matrimonio hablen acerca de sexo. Muchas parejas hablan de todo, menos de sexo, porque les da vergüenza. ¡Conviértanse en sinvergüenzas! Adán y Eva, antes de pecar y adquirir conocimiento, no sentían vergüenza de su desnudez ni de su sexualidad. Cada vez que alguien siente vergüenza por su sexualidad es porque hay algo que no está bien. Estas son algunas de las cosas de las que tienen que hablar:

• Qué les gusta y qué no les gusta en materia sexual (posiciones, caricias, fantasías, dolores, etc.)

• Capacidad de disfrute, cómo experimentan el orgasmo.

• Mitos sexuales que puedan estar presentes en uno o en ambos.

Ejemplo: «*Si tengo una erección debo penetrar*», «*El hombre debe iniciar y dirigir la relación*», «*El alcohol es un estimulante*», «*El verdadero orgasmo es el que se da simultáneamente*», «*El hombre no puede vivir sin sexo y la mujer tiene menos deseo sexual*», etc., son mitos, cosas que popularmente se aceptan como ciertas, pero que en realidad son mentira.

• Miedos o culpas relacionadas a la sexualidad.

Hay hombres que sienten no saber cómo dar satisfacción sexual a sus esposas, o mujeres que han sido abusadas y ven el sexo como algo sucio. Quizás uno sea virgen y el otro no y el virgen tenga miedo de ser menos que las parejas anteriores de su cónyuge. En ese caso, es importante que ambos entiendan que Dios hace nuevas todas las cosas y que es posible arrancar «de cero» los dos.

- Luchas o tentaciones relacionadas a la sexualidad (pornografía, ambiente de trabajo).

Tan importante como hablar de estos temas es que no sientan vergüenza de pedir ayuda a algún profesional en caso de que surja algún problema sexual. Recuerda que el peor enemigo del disfrute sexual es la ignorancia y muchas parejas sufren innecesariamente por falta de información. Por eso no duden en consultar a un terapeuta o sexólogo cristiano. ¡La peor de las preguntas es la que no se hace!

Jesús dijo: «*Pedid y se os dará; buscad y hallaréis; llamad y se os abrirá*» (Mateo 7:7) RVR 1960. *Pidan* a Dios sabiduría para relacionarse satisfactoriamente a nivel sexual. *Busquen* ayuda en el caso de necesitarla. *Llamen* con insistencia a la puerta del ideal de Dios lo que él les preparó como matrimonio: ¡una sexualidad plena! No se conformen con menos.

Preguntas para analizar:

¿Qué información tengo acerca de sexo? ¿Cuáles fueron mis fuentes?

¿Qué concepto tengo del sexo? ¿Un concepto realista o uno fantasioso?

¿Qué experiencias, temores o culpas pueden llegar a afectar negativamente mi vida sexual en el matrimonio? ¿Cómo puedo dejar atrás esas limitaciones?

Desafío:

Hoy decidan como pareja no conformarse con menos que con una vida sexual plena en el matrimonio. Hablen acerca de las experiencias, temores, culpas y mitos que entienden que pueden llegar a limitar esa sexualidad plena. Decidan quitar todos esos condicionamientos y empezar el matrimonio libres. Hablen acerca de estas cosas con su consejero.

38. De imitadores a creadores

La semana pasada hablamos acerca de la importancia de *«dejar»*. Dijimos que buena parte de los problemas conyugales se debe a la incapacidad de cortar con papá y mamá. Muchas parejas ansían casarse para poder «escapar» lo antes posible de sus casas. No soportan más vivir con sus padres. No ven el día y la hora de *«dejar»* el hogar. Para ellos *«dejar»* es huir, escaparse, librarse del infierno que es convivir con sus papás. Sin embargo, *«dejar»* físicamente a nuestros padres no siempre significa que nuestros padres nos dejen a nosotros. Podemos salir de nuestra casa sin que nuestra casa salga de nosotros. *«Dejar»* es mucho más que decir *«ahora estamos por nuestra cuenta»*, conlleva cortes profundos a nivel emocional y mental.

Las parejas, sobre todo cuando son adolescentes, suelen rebelarse a mucho de lo que vieron y aprendieron en casa. Aunque hayan tenido papás excelentes, es común que elaboren una extensa lista mental de cosas que papá y mamá hacían y que *«cuando yo me case jamás voy a hacer»*. Pareciera que intencionalmente buscan distanciarse de ese modelo paterno. Esto es bien evidente cuando los papás no han sido buenos o han fallado afectivamente, sea porque se divorciaron o porque viven juntos pero en medio de gritos y peleas constantes. Es normal que sus hijos digan: *«yo no quiero eso en mi matrimonio»*, *«yo jamás le voy a gritar a mi esposa como papá le gritaba a mamá»*, *«yo jamás voy a humillar públicamente a mi esposo como mamá humillaba a papá»* o *«mis hijos jamás sufrirán el divorcio de sus papás como yo sufrí cuando se separaron mis padres»*. Sin embargo, una vez casados, pareciera que esos hijos auto boicotean su determinación a no repetir la historia de sus papás y terminan haciendo exactamente lo mismo que hacían sus padres, o peor aún, se intensifican en ellos los rasgos negativos que tanto le criticaban a papá y a mamá. Si el papá era gritón, el hijo es mucho más gritón; si la mamá solía humillar a su esposo en público, la hija termina humillando al suyo muchísimo más. Es una especie de «maldición familiar» que funciona inconscientemente y que hace que muchas parejas repitan o intensifiquen la historia de sus padres, cuando en el fondo, es lo último que desean.

Por eso «dejar» no es solo cortar con papá y mamá físicamente, sino también afectivamente. Es romper esa maldición familiar. Es renunciar a la herencia negativa que nos condiciona y empezar a escribir una historia diferente para nuestros hijos y los nietos. Al casarnos traemos al matrimonio todo lo que vimos, escuchamos y aprendimos en casa desde que somos pequeños y, en ese «paquete» de cosas que traemos al matrimonio, hay de todo. Para la mujer ser esposa es ser como era mamá. Ella fue su ejemplo de esposa y madre. Puede que ese ejemplo haya sido excelente, muy bueno, bueno, regular o malo. Lo mismo pasa con el hombre en relación a su papá. Muchos hombres directamente no tuvieron una figura paterna que les sirva de ejemplo. Se criaron con mamá y papá siempre estuvo ausente, lejos del hogar, por lo que, al casarse, les falta una figura de esposo que les sirva de referencia. En realidad sí la tienen. Para ellos ser esposo es estar lejos de casa. Por eso es indispensable «dejar». Eso significa perdonar, sanar las heridas, renunciar al rencor y dejar de decir «lo que pasa es que yo tuve un papá así y asá». Es asumir nuestra responsabilidad y ser libres para escribir una historia distinta para nuestros hijos.

Dejar también significa independizarse económicamente. ¡Tienen que hacerse responsables de su futuro económico! No pueden seguir dependiendo de papá y mamá. Si vienen de familias con dinero, y sus papás los ayudan, no está mal que reciban esa ayuda por un tiempo, pero no pueden quedarse de brazos cruzados en esa posición cómoda pretendiendo que sus papás los mantengan de por vida. ¿Qué pasaría si a sus papás les empezara a ir mal?

Como ya dijimos, tenemos que dejar aún cosas buenas que les funcionaban de maravilla a papá y a mamá, pero que quizás a nosotros no nos funcionen ¡Por la sencilla razón de que tu futura esposa no es tu mamá! Hay hombres que dicen «no entiendo porqué mi esposa se niega a acompañarme a la cancha. Mi mamá siempre venía con nosotros cuando íbamos a Boca con mi viejo. Y no solo que venía, *también alentaba con nosotros en la tribuna. Era una salida familiar y ella la disfrutaba. ¿Por qué mi esposa no puede hacer lo mismo?»* ¡Tu futura esposa no es tu mamá! Tú disfrutabas de esas salidas familiares a la cancha y siempre soñaste con hacer lo mismo con tu esposa e hijos. Pero resulta que tu esposa detesta ir a la cancha, y aparte, es hincha de River. También tienen que *«dejar»* este tipo de cosas y crear sus propios hábitos. Tienen que inventar sus propias salidas familiares. La idea no es que disfrutes solo tú. A veces las parejas quieren imponer a la fuerza los hábitos que traen de sus respectivos hogares, y es ahí donde empieza la guerra. Quizás manejen criterios completamente diferentes en cuanto a la administración del tiempo. Tú eres hiperactiva, porque vienes de una familia así, pero tu novio es más bien tranquilo. Tú valoras mucho que puedan comer juntos todas las noches en casa, mientras que para tu novia eso es algo menor o indistinto. Para ti es importantísimo no tener actividades el fin de semana, pero tu novio está acostumbrado a hacer mil cosas esos días. Tú dices: *«en mi casa siempre cenábamos temprano, nunca después de las 20 hs. ¡Yo estoy habituado a cenar a esa hora!».* Tu novia dice *«en mi casa papá trabajaba hasta tarde así que cenábamos después de las 22 hs. ¡Yo estoy habituada a cenar tarde!».* Y ahí empieza el tironeo, la tensión. ¡Si estaban acostumbrados a cierto horario, entonces tienen que desacostumbrarse! Tienen que *«dejar»* las viejas costumbres y crear nuevas que les funcionen a ustedes como nuevo núcleo familiar. ¡Cenen a las 21 hs.! La lista de ejemplos podría continuar. El punto es que cada uno tiene que ceder, es la única manera de que la relación funcione.

Jesús, cuando era un adolescente de doce años, le dijo lo siguiente a su mamá María y a su papá José: *«¿Por qué me buscabais? ¿No sabías que en los negocios de mi Padre me es necesario estar?»* (Lucas 2:49) RVR 1960. Jesús se había quedado conversando con los doctores de la ley en el templo de Jerusalén mientras, sus papás y familiares, emprendían su viaje de regreso a Nazaret sin darse cuenta que él no estaba con ellos. Cuando finalmente lo encontraron y lo regañaron por su «travesura» de adolescente, Jesús les contestó con estas palabras. Jesús no era un hijo desobediente. El mismo pasaje afirma que estaba sujeto a sus padres. Solo estaba haciendo lo que todo ser humano debería hacer en algún momento de su vida: encontrar su verdadera identidad en Dios. Estaba aprendiendo que su referencia final tenía que ser su papá con mayúsculas: Dios. Dios era su Padre, anterior a José. La misma actitud que tuvo Jesús a los doce años la debemos tener también nosotros, sin importar la edad que tengamos. *«Dejar»* a papá y a mamá significa decir *«no voy a ser una copia barata o una versión degradada de mis padres. Voy a aprender de ellos, voy a imitar todo lo bueno, pero mi referencia final va a ser Dios y, de su mano, voy a crear un modelo de familia propio, fundado en los principios de la Palabra de Dios y no en lo visto y aprendido en casa».* Si tuviste un padre ausente, en Dios puedes encontrar un modelo de Padre perfecto. Él suple con creces nuestras carencias afectivas. Al conocerlo y desarrollar una relación de amor con él, nuestra vida es transformada a su imagen. Conocerlo es sanador. Él nos da la fuerza para perdonar a nuestros padres. En Jesús se quiebra toda maldición familiar. Tu identidad no está más condicionada por las herencias negativas de tus papás biológicos, sino por la herencia espiritual de tu Papá celestial. Tu linaje espiritual tiene mayor peso que tu linaje biológico. *«En Jesús somos una nueva criatura, las cosas viejas van pasando y Dios hace todas las cosas nuevas»* (2 Corintios 5:17) ¡Jesús es tu nueva identidad! Deja de ser un simple *imitador* de tus padres. Conviértete en un *creador* de todo lo que Dios soñó que fueras.

Preguntas para analizar:

¿Qué cosas hacían o hacen mis papás que yo *«jamás voy a hacer cuando me case»*?

¿Veo actitudes, reacciones o hábitos de mis papás en mi relación con mi pareja? ¿Cómo afectan esas cosas nuestra relación?

¿He tratado de imponerle hábitos de mi familia a mi pareja? ¿Estoy dispuesto/a a ceder mis gustos en beneficio de la relación?

Desafío:

Si aún conservan broncas o rencores hacia sus papás, decidan perdonarlos y ser libres de esos sentimientos. Hablen con su líder o consejero para que los guíe en su sanidad y los ayude a *«dejar»* a sus padres afectivamente. Piensen como pareja en esas cosas que aprendieron en sus respectivos hogares, que no necesariamente son malas, pero que quizás tengan que dejar para que el matrimonio funcione bien.

39: De averiados a funcionales

Un interrogante que muchas parejas tienen es *«¿qué quiere decir la Biblia cuando afirma que el esposo es cabeza de la esposa?»*. Desgraciadamente, por muchos años se malinterpretó este pasaje de Efesios 5:23. Algunos afirman, desde una postura machista obviamente, que lo que Pablo dice allí es que el hombre es el que debe mandar en el matrimonio. Los que creen eso son esposos dominadores, autoritarios y que caprichosamente quieren imponer su voluntad por sobre la voluntad de sus esposas usando como excusa este argumento: *«yo soy cabeza, tú debes sujetarte a mí»*. ¡Nada más alejado de lo que nos enseñó Jesús! ¡Ser cabeza no es decir *«aquí mando yo»*! Las decisiones en el matrimonio tienen que tomarse de común acuerdo. El acuerdo es la base de una convivencia sana. Cuando tomamos decisiones violando el principio del acuerdo, pasando por encima de voluntad del otro, entonces el matrimonio empieza a desmoronarse. Ser cabeza no significa imponer por la fuerza mis caprichos ignorando los deseos de mi esposa.

Tampoco significa ocupar una posición jerárquica superior dentro del matrimonio. No significa gozar de mayores privilegios, ni tener más derechos que la mujer. Jesús vivió y enseñó en un contexto sumamente machista dentro de una cultura en la que la mujer era considerada casi un animal. Sin embargo él dignificó a las mujeres y las colocó en una posición de igualdad en relación a los hombres. Reivindicó sus derechos y derribó el muro de separación que las relegaba a un lugar de inferioridad. Lamentablemente, aún en el siglo XXI sigue habiendo hombres, aun dentro de la iglesia, que consideran a las mujeres seres inferiores, *«el sexo débil»*. Pero ser cabeza tampoco es reclamar una posición privilegiada o superior. Somos iguales ante los ojos de Dios.

¿Qué significa entonces que el hombre es cabeza de la mujer? Tenemos que entender que esta verdad no tiene que ver con jerarquías ni derechos, sino con al menos dos cosas fundamentales: *funcionalidad* y *responsabilidad* dentro del matrimonio. En primer lugar es una cuestión de *funcionalidad*. Es decir, tiene que ver con los roles que cada uno desempeña para que la relación funcione bien. Tiene que ver con el lugar que cada uno ocupa dentro del matrimonio, como organismo. En un cuerpo la cabeza no es más importante que el estómago o los pulmones. Todas las partes del cuerpo son importantes y hacen a que el organismo funcione bien y podamos vivir. Por eso la cabeza no puede decir *«acá la importante soy yo»*. La función respiratoria es tan importante como la cardíaca, la cardíaca tan importante como la nerviosa, y la nerviosa tan importante como la neurológica. No hay una escala de jerarquías dentro de un cuerpo, solo hay diferentes funciones. Lo mismo ocurre en el «organismo» llamado matrimonio. Dios nos ha asignado diferentes roles para que podamos funcionar bien, como un organismo saludable. Imagina un cuerpo en el que el estómago pretende enviar impulsos nerviosos o en el que el cerebro intenta bombear sangre al resto del cuerpo. No sería un cuerpo. Sencillamente no funcionaría. El estómago no fue creado para enviar impulsos nerviosos sino para digerir los alimentos. La cabeza no fue creada para enseñorearse del resto del cuerpo, sino solo para servirlo, para proveerle un liderazgo.

La segunda implicancia del hombre como cabeza es que él tiene una *responsabilidad* especial delante de Dios. El hombre es el líder espiritual, el sacerdote, el pastor del hogar. Esto no lo hace superior a la mujer, solo lo hace más responsable en lo que concierne al liderazgo del hogar. Es el primer responsable delante de Dios por el estado de su familia. Es el primer encargado de proteger y proveer materialmente, afectivamente y espiritualmente a los suyos. Ya que liderar es servir, su actitud no es la de un dictador autoritario sino la de Jesús, es decir, la de un siervo. Sirve a su esposa y a sus hijos asumiendo la responsabilidad de protegerlos y proveerles. La esposa también es responsable delante de Dios, pero sobre el esposo recae la responsabilidad *primaria* (no exclusiva) por la marcha del hogar. Cuando Adán y Eva pecaron en el jardín del Edén, y Dios vino a pedirles una explicación, no importó que Eva hubiese pecado primero. Dios llamó a Adán y dijo *«¿Dónde estás?»* (Génesis 3:9) En otras palabras *«¿Dónde está el hombre de la casa?»* *«Es a él a quién voy a pedirle cuentas»*. Claro que va a haber ocasiones en las que la esposa tendrá que tomar la iniciativa del liderazgo. En oportunidades va a tener que pastorear a su marido, animarlo o apuntalarlo en su fe. Quizás por un tiempo se convierta en la proveedora principal del hogar, porque su marido está desocupado, porque está estudiando o por el motivo que sea. No sirve que la esposa diga *«yo me quedo de brazos cruzados»* o *«mi marido es el responsable de tomar la iniciativa»*. Ella también es responsable, y va a haber momentos en los que tenga que asumir provisoriamente el liderazgo del hogar. Pero tendrá que asumirlo solo temporalmente, como la excepción. Esto no puede ser lo normal en el matrimonio. Cuando la esposa se ve obligada a «ponerse los pantalones» porque su esposo no asume su rol de liderazgo, el matrimonio entra en crisis. Sencillamente no puede funcionar como Dios lo diseñó. El organismo se enferma. Por eso es tan importante reconocer nuestros roles y responsabilidades. Si no lo hacemos, el «mecanismo» del matrimonio se avería, no funciona como debería hacerlo. ¡Tenemos que hacer este cambio!

En un equipo de fútbol todos los jugadores son responsables, tanto por las victorias como por las derrotas. Sin embargo hay un capitán del equipo, que es el principal responsable delante del director técnico. El director técnico elige un capitán, no para que mande sobre sus compañeros sino para que sea su voz dentro de la cancha. El capitán está en el mismo nivel que el resto de los jugadores, en cuanto a derechos e importancia. Quizás haya otros jugadores dentro del equipo que jueguen muchísimo mejor que él.

Pero él es el capitán. Sobre él recae una responsabilidad mayor, la de responder por el equipo delante del director técnico. Y lo mismo pasa en el equipo matrimonial. Dios es el director técnico del matrimonio, él tiene que estar al mando. Por eso el pasaje completo de Efesios 5 dice así:

«Sométanse unos a otros en el temor de Dios. Las casadas estén sujetas a sus maridos, como al Señor: porque el marido es cabeza de la mujer, así como Cristo es cabeza de la iglesia...» (Efesios 5:21-23) RVR 1960.

Nota que el pasaje habla de someterse mutuamente en el temor de Dios. Esto significa ser humildes, ceder, no tironear cada uno para su lado, servir, satisfacer las necesidades del otro y aprender a consensuar. Para que todo esto sea posible, el matrimonio tiene que estar sujeto a Jesús como *«La Cabeza»*. Tanto el hombre como la mujer. El director técnico tiene que estar sentado en el banco (o mejor dicho ¡en el trono!). El hombre tiene la responsabilidad primaria de velar por ello. No puede asumir su rol de cabeza si primero él mismo no está sujeto a *«La Cabeza»* con mayúsculas. Su responsabilidad es imitar el amor y entrega de Jesús. Tiene que amar a su esposa *«como Cristo amó a la Iglesia»* (vs.25) ¡Qué enorme responsabilidad! La mujer tiene la responsabilidad de respetar a su marido y reconocer su rol como primer representante familiar delante de Dios. Tiene que honrar y afirmar su liderazgo. Este respeto la lleva a una sujeción gozosa, no forzada. No se sujeta pasivamente, aceptando entre quejas los caprichos arbitrarios de su esposo. Se deja liderar, confiada en la madurez espiritual de su marido para hacerlo. ¡En el fondo es lo que necesita! Como dice John Piper:

Nunca conocí una esposa que estuviese arrepentida de estar casada con un hombre que con gozo lleva a cuestas la responsabilidad principal dada por Dios de un liderazgo de servicio, provisión y protección en el hogar, a semejanza de Cristo, preocupado por el bienestar espiritual de la familia, por la disciplina y educación de los hijos, por la administración del dinero, por mantener un trabajo fijo y remediar la discordia. Porque cuando Dios diseña algo (como el matrimonio), lo diseña para su gloria y para nuestro bien.[6]

Jesús dijo:

«*yo no vine para ser servido sino para servir*» (Mateo 20:28). Cuando Jesús reina en el hogar, la sumisión y el servicio mutuo se producen de manera natural. Su Espíritu de amor y humildad trae acuerdo y armonía al matrimonio, desempeñándose cada uno en su rol con responsabilidad y alegría. ¡Así de fácil! ¿Por qué iba a ser difícil?

Preguntas para analizar:

¿Cuál era mi idea acerca del hombre como cabeza del hogar? ¿Era una idea correcta o incorrecta?

¿Cómo vivieron mis papás esta verdad? ¿Fue mi papá un verdadero líder siervo en casa? ¿Era mi mamá la que «tenía los pantalones»?

¿Soy consciente de mis responsabilidades delante de Dios una vez casado/a? ¿Cómo me preparo para asumir esas responsabilidades?

Desafío:

Conversen como pareja alrededor de las preguntas disparadoras del día de hoy. Oren pidiéndole a Dios que siempre sea el «director técnico» de su equipo, y que les enseñe a someterse mutuamente. Novio: haz un compromiso con tu novia, diciéndole «*me comprometo a liderarte y a liderar nuestro futuro hogar con responsabilidad y verdadera hombría, amándote y sirviéndote como lo hizo Jesús*». Novia: haz un compromiso con tu novio diciéndole «*me comprometo a respetarte y a sujetarme en amor a ti, complementándote y ayudándote en todo*».

---

6 John Piper. «Pacto matrimonial: perspectiva temporal y eterna», Illinois: Crossway Books, 2009, pp. 85.

40: De estrechos a anchos

Alrededor de 2000 años atrás un joven carpintero con incipiente fama de predicador y hacedor de milagros narraba esta historia desde la cima de una montaña:

«Había una vez dos parejas de novios. Ambas querían casarse y edificar su casa propia. La primera pareja estaba compuesta por un muchacho y una chica ansiosos que tuvieron la idea de construir su casa sobre la arena. Trabajaron con esmero hasta que la casa estuvo terminada. Pero al poco tiempo sopló un fuerte viento y cayó una lluvia torrencial en aquella región. La casa, cuyos cimientos estaban apoyados sobre suelo arenoso, no tardó en desmoronarse por completo»

A esta altura de su relato, el joven carpintero hace una breve pausa. Por la mente de sus oyentes se cruzan decenas de imágenes: el rostro desesperando de la pareja, la casa derrumbándose, el ruido de los escombros cayendo... y el lamento de todos sus amigos.

El carpintero continúa:

«Pero la segunda pareja de constructores estaba compuesta por un muchacho y una chica prudentes, que decidieron edificar su casa sobre una gran roca. También sopló un fuerte viento y también cayó una lluvia torrencial en aquella zona. ¡Pero la casa no se desmoronó ya que tenía cimientos firmes, apoyados sobre la gran roca!»

El relato concluye con una moraleja:

«Los que escuchan mis enseñanzas pero no las practican son como la primer pareja de novios, los constructores imprudentes que edificaron su casa sobre la arena. Pero los que escuchan mis enseñanzas y las practican son como la segunda pareja, los constructores prudentes que edificaron sobre la roca»

¿Cuál de las dos parejas de constructores son ustedes? Esa es la gran pregunta del noviazgo... ¡y de la vida!

Hoy llegamos a nuestro último punto. En realidad es solo el último de los primeros 40. Hay muchísimos más cambios que deberán ir haciendo en el tiempo. ¡Ay del día en que nuestra mente deja cambiar! Ese será el día en que nos resignaremos a vivir por debajo de lo que Dios soñó para nosotros.

Pero tú no eres de resignarte. Bien profundo en tu corazón se escucha el grito «¡tiene que haber más!». Es tu ADN divino. Es la voz del Espíritu Santo recordándote «Dios tiene un futuro maravilloso preparado para mí», «la senda de mi vida es hacia arriba», «Voy a vivir en continuo ascenso», «Dios pensó en mi antes de fundar el mundo y declaró éxito sobre cada área de mi vida», «él me creó para vivir en victoria, en bendición, en progreso continuo», «él inventó el matrimonio y, como todo lo que él creó, el matrimonio es algo hermoso, destinado a funcionar bien, a crecer día a día», «Dios me promete guiarme, ayudarme, fortalecerme, cuidarme, promoverme, darme paz y sabiduría, proveer para cada una de mis necesidades», «él determinó que mi matrimonio sea feliz, que tenga una familia próspera y bendecida en todo, donde reine el amor, el perdón, la alegría, la comprensión, la fe» y «él me eligió para amarlo y servirlo junto a una familia hermosa, que vivirá en avance continuo».

¡Esa es la voz que debes escuchar y creer! Es el grito de la fe. Es la verdad de Dios que quiere gobernar tus pensamientos. Declaro que se van de tu vida los temores y las dudas. Declaro que se va de tu vida el escepticismo respecto al matrimonio. Reprendo las mentiras que el diablo quiso instalar en tu mente haciéndote creer que el matrimonio no es tan bueno como dicen. Reprendo el temor a repetir la historia de fracaso de tus papás. ¡Es mentira que vas a fracasar como ellos! En ti se rompe toda maldición familiar. Declaro que no vas a escuchar nunca más al diablo, sino que tendrás oídos solo para Dios. ¡Declaro que tu mente hace el gran cambio! ¡Ya no más mentiras! ¡Ya no más imágenes falsas del matrimonio! Las palabras de Jesús son verdad y declaro que sobre esas palabras edificarás tu hogar. Declaro que, aunque hayas tenido buenos papás, con un matrimonio sano y sólido, tu matrimonio será aún mejor. Habrá más paz, más alegría, más sabiduría, más respeto, más presencia de Dios, más abundancia, más proyectos. ¡El amor de Dios por ti no tiene límites! El gran cambio que tienes que hacer es tan solo ¡creerlo!

Jesús habló de dos tipos de constructores: los que edifican sobre la roca y los que edifican sobre la arena. Los principios que él enseñó, y las promesas que declaró sobre nuestra vida, son esa gran roca que sostiene nuestra vida. La fórmula es bien sencilla. Cuando creemos sus promesas y ponemos en práctica sus principios, el matrimonio funciona. Cuando por el contrario, dudamos de sus promesas y violamos sus principios, la casa empieza a desmoronarse. El éxito en el noviazgo, en el matrimonio y en cualquier otra área de la vida, radica en una sola cosa: ¡hacerle caso a Jesús! Nuestros conceptos y opiniones acerca del matrimonio son «arena» sobre la cual no se puede construir nada duradero. Por eso ¡edifica siempre sobre la roca!

En este libro te compartí los cambios mentales más importantes que toda pareja de novios debería hacer para llegar bien preparada al matrimonio. En cada punto se encuentran los principios fundamentales que enseñó Jesús para que el matrimonio funcione bien. Pero mi deseo, al concluir este libro, es que también abraces las promesas tremendas que Dios te regaló para el área afectiva. El último punto tiene que ver con ensanchar tu expectativa. ¡Encara el matrimonio con una expectativa altísima! No limites a Dios. Él quiere bendecirte mucho más allá de lo que eres capaz de pedir o entender. Delante de Dios siempre nos quedamos cortos a la hora de soñar. Sus pensamientos y caminos son muchísimo más altos que los nuestros. En este preciso instante él está viendo tu futuro, y lo que ve es sencillamente extraordinario. Te está viendo maduro/a, formando una familia bendecida, disfrutando en tu casa, estableciendo un linaje bendito, dejando legado a tus hijos, fundando un hogar que será un pedacito del cielo acá en la tierra. ¡Oro para que puedas ver lo mismo que Dios está viendo en este preciso momento!

Dios te dice *«no seas escaso, no seas escasa, ensancha tu fe, ensancha tu corazón, aumenta tu expectativa, no me pongas límites, espera siempre lo mejor, levanta tu cabeza, dale lugar a mis sueños en tu corazón, no te conformes con menos que con lo que yo preparé para ti el día en que te creé, extiéndete, proyecta junto a tu pareja un futuro bendecido, son mis hijos y herederos, son especiales, son elegidos, son benditos, son santos, hay más de mí para ustedes, ¡solo créanme y búsquenme de todo corazón!»* .

Quiero dejarte un último desafío. Es un desafío de fe. Junto a tu pareja lean y crean cada una de las siguientes promesas de Dios. Háganlo en oración, diciéndole a Dios que estas palabras serán su fundamento espiritual en el matrimonio. Díganle que no se van a conformar con menos que con lo que afirma cada uno de estos pasajes de la Biblia acerca de su futuro. Denle gracias porque su futuro está en sus manos. Denle gracias porque él es un Dios fiel que cumple todo lo que promete. Díganle que van a hacer todo lo que a ustedes les corresponde hacer para que estas promesas se hagan realidad y descansen en saber que Dios siempre hace la parte que a él le corresponde. Digan un gran ¡amén! a cada una de estas palabras. Son palabras de vida, de bien y de éxito. Son promesas de Dios que nos transforman, que nos desafían a crecer y a seguir avanzando. Declaro que Dios los rodea con su favor, que canta una canción de amor sobre sus vidas, que les da sabiduría en abundancia, que perfecciona la obra que empezó en ustedes, que aumenta más y más su fe y que produce en ustedes todo fruto de justicia para gloria de su nombre. Esto es lo que él les promete:

«Dichosos todos los que temen al Señor, los que van por sus caminos. Lo que ganes con tus manos, eso comerás; gozarás de dicha y prosperidad. En el seno de tu hogar, tu esposa será como vid llena de uvas; alrededor de tu mesa, tus hijos serán como vástagos de olivo» (Salmo 128:1-3)

«Porque yo sé muy bien los planes que tengo para ustedes, afirma el Señor, planes de bienestar... a fin de darles un futuro y una esperanza» (Jeremías 29:11)

«Me regocijaré en favorecerlos, y con todo mi corazón y con toda mi alma los plantaré firmemente en la tierra» (Jeremías 32:41)

«El Señor te concederá la victoria sobre tus enemigos... El Señor bendecirá todo el trabajo de tus manos... El Señor te concederá abundancia de bienes... El Señor abrirá los cielos, su generoso tesoro... El Señor te pondrá a la cabeza, nunca en la cola. Siempre estarás en la cima, nunca en el fondo...» (Deuteronomio 28:7-13)

«No temas... te llamé por tu nombre, ¡eres mío! Cuando cruces las aguas, yo estaré contigo... Cuando camines por el fuego, no te quemarás... Porque te amo y eres ante mis ojos precioso y digno de honra. No temas porque yo estoy contigo» (Isaías 43:1-5)

«Te bendeciré. Engrandeceré tu nombre, y serás una bendición... ¡por medio de ti serán bendecidas todas las familias de la tierra!» (Génesis 12:2-3)

¡Bendigo tu vida, tu noviazgo y tu futuro maravilloso!

APÉNDICE I

40 Preguntas para hacerle a tu pareja antes de casarte

Muchas personas evitan hacerle ciertas preguntas a su pareja. La razón es simple: ¡temen las respuestas! Piensan «¿y qué pasa si sus respuestas me desilusionan?» «¿y qué pasa si me entero de algo que frustra nuestro amor?». El punto es que ¡tarde o temprano te vas a enterar! Lo importante es que te enteres temprano y no tarde. Lo importante es que te enteres ahora que están de novios. ¡El noviazgo te tiene que servir para enterarte! Solo cuando hay confianza mutua la relación puede madurar. T. D. Jakes dijo: «*Las personas desean mucho más a alguien en quien puedan confiar que alguien con quien puedan dormir*»[7]. Por eso, no tiene que haber secretos entre ustedes. No debe existir ningún tema que les de vergüenza hablar.

Estas son las 40 preguntas que tienes que hacerle a tu pareja antes de decir solemnemente «¡sí, prometo!»:

1. ¿Es Jesús de verdad tu Señor?

2. ¿Cuál crees que es el propósito de Dios para tu vida?

3. ¿Cuáles son las cosas que más valoras?

4. ¿Qué lugar ocupa en tu vida el dinero y las posesiones?

5. ¿Cómo administras tu dinero? ¿Diezmas y ofrendas? ¿Ahorras?

6. ¿Tienes deudas o embargos que yo desconozca?

7. ¿Qué es para ti una familia?

8. ¿Cuáles son tus mayores sueños y expectativas?

---

7   T.D Jakes «Toma decisiones que no lamentarás». Atria Books, 2009.

9. ¿Cómo definirías el éxito? ¿Eres feliz?

10. ¿Qué es para ti el amor?

11. ¿Cuál es tu expectativa respecto al matrimonio?

12. ¿Qué es para ti el matrimonio?

13. ¿Por qué quieres casarte conmigo?

14. ¿Qué crees respecto al divorcio?

15. ¿Cuáles son para ti los roles de un marido y una mujer dentro del matrimonio?

16. ¿Cómo te ves de aquí a diez años?

17. ¿Cómo te gustaría llegar a la vejez?

18. ¿Cuáles son tus ideas acerca de la sexualidad?

19. ¿Tuviste relaciones sexuales? En caso que las hayas tenido ¿Crees que eso puede afectar nuestra relación? ¿Cómo?

20. ¿Tienes alguna enfermedad que sea contagiosa? (VIH u otra de transmisión sexual)

21. ¿Cuáles son tus mayores interrogantes respecto al sexo?

22. ¿Qué crees respecto a los métodos anticonceptivos?

23. ¿Qué crees respecto a tener hijos?

24. ¿Cuántos hijos te gustaría tener?

25. ¿Qué piensas respecto a la educación y la disciplina de los hijos?

26. ¿Cuál crees que es el rol fundamental de un padre y una madre dentro de la familia?

27. ¿Qué lugar ocupa el trabajo en tu vida?

28. ¿Cómo crees que se pueden armonizar trabajo y familia?

29. ¿Qué piensas acerca del tiempo libre y las vacaciones?

30. ¿Cuáles son las actividades que más disfrutas?

31. ¿Qué piensas acerca del compromiso con la iglesia local?

32. ¿Qué piensas acerca de servir a Dios?

33. ¿Cuáles crees que son tus dones espirituales?

34. ¿Te consideras adicto/a a algo? (Alcohol, droga, cigarrillo, Internet, juegos, pornografía, masturbación, consumo, televisión, un hobby, etc.)

35. ¿Te abres regularmente con alguien para contarle tus problemas y para que te aconseje y ore por ti?

36. ¿Qué lugar ocupan los amigos en tu vida?

37. ¿Qué cosas son «sagradas» para ti?

38. ¿Guardas rencores hacia tus padres?

39. ¿Te sientes dependiente de ellos?

40. ¿Cómo crees que nuestras respectivas familias pueden influir en nuestra relación?

APÉNDICE II

40 excelentes razones para no casarte (¡y terminar tu noviazgo lo antes posible!)

Este listado se lo recomiendo especialmente a aquellos que aún albergan la idea de que el matrimonio solucionará mágicamente todos sus problemas.

1. Nos vemos ningún avance en nuestra relación.

2. No logramos ponernos de acuerdo en nada.

3. La relación nos hace más mal que bien.

4. No logramos discutir «pacíficamente» para que las peleas nos ayuden a mejorar. Estamos cada vez peor.

5. A mi pareja no le importan mis sueños ni mis objetivos en la vida, solo los suyos.

6. Vivimos compitiendo o negociando.

7. No compatibilizamos en nuestro carácter. Nuestras diferencias, lejos de complementarnos, nos distancian.

8. Tenemos filosofías de vida completamente diferentes.

9. Tenemos propósitos de vida completamente diferentes.

10. Para mi pareja Jesús no es lo más importante de su vida.

11. Mi pareja me aleja de Dios.

12. Mi pareja quiere que tengamos relaciones sexuales antes de casarnos.

13. Lo único que me atrae de mi pareja es su cuerpo.

14. Mi novio es un vago. No trabaja, no estudia, no hace nada.

15. Mi pareja es un desastre en su administración personal. Le debe plata a medio mundo y derrocha todo lo que gana.

16. Mi pareja es violento/a.

17. Estamos juntos para librarnos de nuestros papás.

18. Tenemos ideas completamente diferentes acerca del matrimonio y la familia.

19. Yo quiero tener hijos, pero mi pareja no.

20. Mi pareja piensa que el divorcio es una opción en caso de que el matrimonio no funcione.

21. Nuestros amigos son más importantes que nuestra relación.

22. Nuestras respectivas familias son más importantes que nuestra relación.

23. Nuestra vocación y trabajo son más importantes que nuestra relación.

24. Mi pareja vive ocultándome cosas.

25. Mi pareja jamás busca ayuda para resolver sus problemas personales.

26. Vivimos celándonos.

27. Mi pareja vive comparándome con ex novios/as.

28. Mi pareja me es infiel.

29. Mi pareja no puede perdonar. Vive resentida y cada vez que discutimos saca los «viejos trapitos al sol».

30. Mi pareja jamás pide perdón. A mi pareja no le interesa cambiar.

31. No puedo contarle a mi pareja mis penas, mis temores ni mis secretos. Confío más en otros que en él/ella.

32. Mi pareja vive quejándose y me cansa.

33. Nos aburrimos cuando estamos juntos, no tenemos tema de conversación.

34. Mi pareja jamás me consulta a la hora de tomar decisiones importantes. Vive decidiendo por sí solo/a».

35. Mi pareja jamás toma en cuenta los consejos que le doy. No le importan mis opiniones.

36. Mi pareja se junta con gente que lo/la lleva por mal camino. Todas sus amistades son malas influencias en su vida.

37. A mi pareja no le importa lo que dice la Biblia.

38. No tenemos ningún proyecto de vida.

39. Me cuesta verme envejeciendo a su lado.

40. Me da vergüenza decir que él/ella es mi pareja.

APÉNDICE III

40 Excelentes razones para casarte

Este listado se lo recomiendo especialmente a aquellos que piensan que el matrimonio es cosa vieja, que pasó de moda.

1. ¡El matrimonio es maravilloso!

2. El matrimonio nació en el corazón de Dios. Fue creado por él y para él, y por lo tanto es sinónimo de bendición, de alegría, de disfrute.

3. El matrimonio es el plan eterno de Dios para todo hombre y mujer que se aman de verdad y quieren construir una relación que perdure de por vida.

4. Si en verdad se aman y quieren construir una relación que perdure de por vida ¡El matrimonio es la única opción que tienen!

5. El matrimonio funda la familia, la célula básica de la sociedad.

6. En un matrimonio sano que funciona bien, reside el futuro de la humanidad.

7. ¡Fundar un hogar sano es dejar un legado de bendición a la posteridad!

8. Fundar un hogar sano es algo que trasciende la relación de amor de la pareja. Es un acto espiritual y profundo que afecta positivamente a todas las generaciones venideras.

9. ¡Casarse es ser valientes, comprometidos y generosos! Es dar un paso de fe. ¡Y Dios honra nuestra fe!

10. El matrimonio nos santifica. Nos hace cada día más parecidos a Jesús.

11. En el matrimonio aprendemos lo que es la paciencia, la abnegación, el perdón, el dominio propio, el compromiso, la solidaridad. En otras palabras ¡aprendemos a amar!

12. En el matrimonio aprendemos lo que es el amor *ágape*, el amor incondicional, el amor comprometido, el amor «a pesar de».

13. Amar, con mayúsculas, nos hace verdaderamente felices.

14. Amar responsablemente nos hace realmente grandes y exitosos en la vida.

15. El matrimonio es un testimonio de compromiso, de fidelidad a un pacto. Es un reflejo del pacto inquebrantable entre Jesús y la iglesia.

16. El matrimonio nos complementa, nos potencia, saca lo mejor de nosotros.

17. En el matrimonio 1 + 1 es muchísimo más que 2. En el matrimonio funciona la ley de la *sinergia*. ¡Nuestros esfuerzos y capacidades se multiplican!

18. El matrimonio potencia nuestros recursos y nuestra capacidad productiva.

19. El matrimonio es *conyugalidad*, es decir «tirar juntos de un carro, unidos por un yugo». ¡Ya no tenemos que tirar solos!

20. El matrimonio suple nuestras debilidades o puntos flojos por la ley del complemento. Donde yo soy débil mi cónyuge es fuerte y viceversa. ¡Mejores son dos que uno!

21. El matrimonio potencia el desarrollo y el cumplimiento del propósito de Dios para nuestra vida.

22. En el matrimonio Dios nos concede el honor de colaborar con él, ni más ni menos, que en la tarea de ¡crear vida!

23. ¡La «tarea» de crear vida es sumamente placentera!

24. ¡La sexualidad responsable y comprometida es maravillosa!

25. La sexualidad es intimidad, es comunicación profunda, es entrega mutua, es gozo.

26. ¡Ser papás es maravilloso! ¡Fundar una familia es maravilloso!

27. Ser papás nos hace madurar, nos mejora, nos santifica.

28. Ser papás nos dignifica, ¡es un sano orgullo!

29. La paternidad nos abre una ventana al corazón de Dios padre. Nos ayuda a comprender mejor su amor de papá.

30. El matrimonio y la paternidad potencian nuestra relación con Dios.

31. El matrimonio nos enfoca en lo importante de la vida: las relaciones.

32. El matrimonio es un vínculo transformador.

33. ¡El matrimonio evita que cometamos locuras!

34. El matrimonio es cuidado mutuo, es salud física, mental y espiritual.

35. El matrimonio es amistad, es compañerismo, es confidencialidad, es intimidad.

36. El matrimonio es un refugio, es estímulo, es apoyo, es consuelo.

37. El matrimonio es entrega y reciprocidad. ¡Es dar y recibir multiplicado lo que damos!

38. El matrimonio y la familia son las principales escuelas de virtudes humanas.

39. El matrimonio mejora todas las demás relaciones.

40. ¡El matrimonio es un regalo de Dios!

si
trabajas
con jóvenes
nuestro
deseo es
ayudarte

Especialidades Juveniles.com